Le rêve cistercien
レオン・プレスイール 著
杉崎泰一郎 監修
遠藤ゆかり 訳
シトー会
1098年3月21日、
聖ベネディクトゥスの祝日に、
モレーム修道院長ロベールは、
フランス東部のディジョンに近い場所に、
「新修道院」を設立した。
これがのちにシトー修道院と
呼ばれるようになるもので、
ここからシトー会が誕生した。
知の再発見双書155
絵で読む世界文化史

日本語版監修者序文

杉崎泰一郎

シトー会は11世紀の終わりのフランスで，聖ロベールが仲間の修道士たちと荒れ野を切り開いて建てたシトー修道院を起源とする。彼らは『聖ベネディクトゥスの戒律』の遵守をめざして，労働と祈りの生活を清貧の理想のうちに営んだ。やがて同じ志を持つ修道院がフランスのみならずヨーロッパ各地に建てられ，この修道院群がシトー会（シトー修道会）と呼ばれる。

900年前にシトーの修道士たちが抱いた夢は現在に至るまで世界各地に連綿と受け継がれ，日本では北海道のトラピスト修道院にその姿を見ることができる。また2010年にカンヌの映画祭でグランプリを受賞したフランス映画『神々と男たち』（原題Des hommes et des dieux）では，主人公となったシトー会の修道士たちの姿が見る者に感動を与えた。ストーリーは，1990年代のアルジェリアに住むシトー会修道士たちが，イスラム過激派のテロリストに拉致されて殺害された実話をもとにしたものである。映画の中では白衣の修道服をまとった修道士たちが，修道院長のもとで規律正しく共同生活を営む姿が鮮やかに描かれている。彼らは礼拝堂に集まって聖歌を歌い，自らの手で畑を耕し，図書室で勉学にいそしみ，食堂で朗読を聞きながら粗末な食事をとり，修道院運営について協議し，訪ねてくる村人たちに献身的に奉仕する。そこには，いまから900年近く前に聖ロベールと仲間の修道士たちが最初の修道院を建てたときの理想が生き続けているさまを見ることができる。聖ロベールや初期シトー会の発展に貢献した聖ベルナルドゥスは，『聖ベネディクトゥスの戒律』の精神に回帰する修道院生活を目指し，森を切り開いて世俗の雑踏を避け，そこに理想郷のような修道院を建てたのである。

『聖ベネディクトゥスの戒律』とは，シトー修道院の創立に遡ること500年，6世紀に聖ベネディクトゥスがイタリア南部に建てたモンテ・カッシーノ修道院のために書いたものである。そこで修道士は，修道院長のもとで定住し，聖堂で祈り，自らの手で働き，私有財産を捨てて清貧の生活を行なうことが定められている。シトー修道院が創立した当時，西ヨーロッパの多くの修道院は近隣領主や諸侯の寄進で豊かになり，修道士は依頼された祈禱や儀式を行なう生活を主とするようになっていた。たとえば本書にもたびたび出てくるクリュニー会，すなわち10世紀はじめにフランス東部に建てられたクリュニー修道院を中心とする修道院群では，修道士たちは『聖ベネディクトゥスの戒律』の遵守を掲げながらも，それとは離れた生活を営んでいた。シトーの森を開拓した修道士たちはこれを批判し，ベネディクトゥスの原点に回帰した生活を夢見たのである。その反響は大きく，シトー修道院創立から20年を経ぬうちに4つの子院（娘院ともいわれる）が建てられ，さらにその子院がヨーロッパ各地に生まれていった。これがシトー修道会である。

初期シトー会修道士たちの夢見た理想郷のさまを今日に伝えているのは，聖ベルナルドゥスの指示によって建てられたといわれるフランスのフォントネー修道院である。ブルゴーニュ北部の豊かな水流と森の恵みに満たされ，自然と人が調和した静謐な空間と建物に，いまなお聖ベルナルドゥスたちの抱いた夢を感ずることができる。そこでは祈りの場である聖堂や回廊を中心に食堂，厨房，寝室などの生活空間が機能的に配置され，その周囲には作業を行なう鍛治場，水車，鳩小屋が建てられ，修道院生活のリズムとバランスを反映したプランとなっている。聖堂のみならず，粗い石を積み上げたすべての建築空間は，装飾を一切排除した幾何学的な美しさをたたえ，天井や窓はアーチによって整然と構築され，森の静寂とあいまって自然に沈黙と黙想に誘われるかのようである。フォントネー修道院にならって，南仏のル・トロネ，シルヴァカーヌ，セナンクなどの修道院が同じようなコンセプトで建てられ，いまなお訪れる人を魅了している。

シトー会について書かれた書物は多いが，著者レオン・プレスイールは中世考古学者としての立場を活かして，初期文書のみに頼って修道士の抱いた夢や理想のみを語ることを避け，建造物や美術作品さらに自然環境との関りから具体的に広く考察する。そしてシトー会の理想が歴史の中でどのように実現し，また変質し，改革を繰り返しながら現代に受け継がれていったさまを本書で綴っている。シトー会の厳格な掟が早い段階で守られなくなったという冒頭の説明には，戸惑いを感じた読者もおられるかもしれない。しかし歴史学の分野では，シトー会の諸修道院が，完全に俗世と関係を断ち切らず，近隣の世俗社会と接点を模索し，利害紛争を繰り返しながら維持，拡大していったことはさかんに論じられている。冒頭で触れた映画『神々と男たち』では，近隣でテロリストの活動が盛んになって，命の危険が迫った修道士たちは修道院を去るかどうかの決断を迫られる。しかし村人たちは，この村が修道院を中心に発展したことを主張し，いわば枝である修道院がなくなったら鳥である村人は家を失ってしまうと述べて，修道士たちにとどまることを願う。映画の中で医師の資格を持つ修道士が村人の診療を行ない，薬を与える場面がたびたび描かれるが，それは世俗から離れつつも隣人を忘れないシトー会修道士の生きざまとも言えよう。

北海道の津軽海峡近くにあるトラピスト修道院（正式には灯台の聖母トラピスト大修道院）では，修道士たちがシトー会の理念を厳しく純粋に守る生活を1896年の創立時より続けている。トラピスト会（厳律シトー会）については本書の資料編を参照されたい。また函館市内にあるトラピスティヌ修道院は修道女（俗に言うシスター）の修道院であり，シトー会が初期から多くの女子を受け入れて現在に至っていることもまた特筆すべきである。シトーが抱いた夢は，時を超えて日本にも息づいているのである。

1115年に新設されたクレルヴォー修道院の院長となった聖ベルナルドゥスは，シトー会を代表する神学者でもある。13世紀の有名な書物『黄金伝説』を読むと，中世末期にさまざまな形で聖ベルナルドゥス信仰が広まっていたことがわかる。

☆　☆

「ベルナルドゥスがまだ幼かったころ，激しい頭痛に苦しんだことがあった。そのとき，ひとりの女性が自分の魅力で彼を誘惑し，彼の苦痛をやわらげようとしたが，彼は激怒して泣きさけび，その女性を拒んで追いはらった」

「ある娘が，悪魔にそそのかされて，ベルナルドゥスが眠っているベッドに裸でもぐりこんだ。それに気づくと，ベルナルドゥスは黙ったまま静かに彼女のために場所をあけ，ベッドの端で体を反対向きにして，ふたたび眠りに落ちた。あわれな娘は，しばらくのあいだじっと待ったあと，彼の体に手を置いて揺さぶった。しかし，彼は身動きひとつしなかったので，この恥知らずな娘は顔を赤らめて，畏敬の念と称賛の気持ちをいだきながら，その場を去った」

「また別のとき，ベルナルドゥスはある婦人の家に泊まった。若くてハンサムな彼に情熱的な欲望をいだいたその婦人は，彼のベッドを自室から離れた場所に用意したが，あたりが静まりかえった夜更けに，起きあがって，恥知らずにも彼の部屋に忍びこんだ。ベルナルドゥスはそれに気づくと，『泥棒！　泥棒！』と叫びはじめた」

「ベルナルドゥスの親戚のロベール修道士は，幼いころから何人もの人にまちがった話を聞かされ，クリュニー会に入った。ベルナルドゥスはしばらくのあいだ，この件について沈黙を守っていたが，やがて，自分のところへ戻ってくるよう彼に手紙を書くことにした。屋外で，ひとりの修道士に口述筆記をさせていたところ，突然雨が強く降りはじめた。そのため，修道士は紙を片づけようとしたが，ベルナルドゥスは，『これは神の御業だ。心配することはない，書きつづけなさい』といった。そこで，修道士は雨のなかで手紙を書きつづけたが，手紙には雨のしずくが一滴も落ちなかった」

「ベルナルドゥスが修道院を建設したが，途方もない数のハエが侵入してきたので，みな非常に困っていた。そのときベルナルドゥスが『彼らを破門する』というと，翌朝，ハエはすべて死んでいた」

「賭け事が好きな道楽者のある修道士が，悪魔にそそのかされて俗人に戻ろうと考えた。彼を引きとめることができなかったベルナルドゥスは，これからどうやって生活するつもりなのかとたずねた。

修道士は，『さいころ賭博ができるので，それで生活します』と答えた。

ベルナルドゥスは，『元手を託したら，毎年ここにやってきて，分け前をもらえるか』とたずねた。それを聞くと，修道士は喜んで，必ずそうすると約束した。ベルナルドゥスは彼に20スーをあたえ，その金をもって修道士は立ち去った。

ベルナルドゥスがこんなことをしたのは，修道士がまたここに戻ってこられるようにするためだったが，事実，そうなった。修道院を出て行った男は，不幸にも金を全部使いはたした。男は深く恥じながら，修道院の門をたたいた。彼がやってきたことを聞いたベルナルドゥスは，大喜びで彼のもとへ行き，両腕を開いて分け前をもらおうとした。

男はいった。『少しも稼げなかったんです，院長さま。それどころか，元手も失いました』

ベルナルドゥスは，やさしく答えた。『それなら，すべてを失ってしまう前に，ここに戻ったほうがよい』」

「数々の奇跡を起こし，160の修道院を建設し，たくさんの本や論文を書き，63年ほど生きたベルナルドゥスは，1153年に，修道士たちの腕のなかで亡くなった」

CONTENTS

シトー会

レオン・プレスイール❖著
杉崎泰一郎❖監修

「知の再発見」双書155
創元社

❖1133年，ドイツのケルン司教区に，シトー修道院の最初の四子院（しいん）のひとつであるモリモン修道院が，アルテンベルク修道院を設立した。その後，1505年から32年ころにかけて，アルテンベルク修道院は，シトー会の偉大な指導者である聖ベルナルドゥスの生涯と奇跡を描いた100枚近くの豪華なステンドグラスを制作させた。清貧を重んじた聖ベルナルドゥス自身が，聖人を華々しく称賛するこのような装飾を見たらおそらく憤慨したことだろう。だが当時のシトー会修道士たちにとって，それはもはや少しも違和感のあるものではなかった。……………………………………………………

第1章

シトー会の見た夢

〔左頁〕アルテンベルク修道院のグラドゥアーレ（ミサ聖歌集）の最初のページ（15世紀）――修道院長が礼拝堂で祈りを捧げる姿が，金の格子縞を背景に描かれている。この写本がつくられたのと同じころ，ギリシアのダフニ修道院のシトー会修道士たちは，トルコ軍の攻撃によって修道院を追われた。

⇨「全能者キリスト」を描いたダフニ修道院のモザイク――聖ベルナルドゥスはこうした豪華な装飾を嫌ったが，シトー会修道士たちは，かなり早い時期からそれらを黙認していた。

シトー会はそもそも，「聖ベネディクトゥスの戒律」を厳格かつ忠実に守ることを目的に設立された修道会である。だがその理念である厳格さや簡素さの追求は，かなり早い段階から軽んじられるようになった。たとえば1207年から1458年まで，ギリシアのダフニ修道院では，金色の背景に全能者キリストが描かれたきらびやかなモザイクの下で，ミサが行なわれていた。この修道院は，もともとはギリシア正教会の修道院だったが，十字軍がビザンティン帝国（東ローマ帝国）を滅ぼしたあと，シトー会に属するベルヴォー修道院の子院（しいん）となった。しかしシトー会の修道士たちは，その豪華な装飾の修道院をそのまま使用していたのである。

これはかなり特殊なケースだが，それだけではない。14世紀末，アイルランドのジャーポイント修道院では，古い建物内にきわめて豪華な彫刻をほどこした回廊が新しくつくられ，そのアーケードの柱には，聖人，高位聖職者，騎士，貴婦人，怪物などの大きな全身像が50以上も刻まれていた。ロマネスク様式に近いこの建築物を聖ベルナルドゥス（1153年没）が見たら，その過剰な装飾と，費用のかけすぎを，修道士たちの精神を乱すものだと激しく非難しただろう。

こうした会の理念からの逸脱は，古くから始まっていた。シトー修道院の最初の四子院のひとつで，聖ベルナルドゥスが修道院長を務めたクレルヴォー修道院の付属教会は，はじめは内陣〔祭壇を中心とする空間〕の奥に長方形の後陣があるだけだった。しかし，ベルナルドゥスの死後すぐに，内陣の後部をとりまく周歩廊や，そのまわりに放射状祭室がつくられたのである。また，同じく最初の四子院のひとつであるポンティニー修道院の付属教会でも，初期ゴシック様式の大聖堂に似た，3つのベイ〔ふたつの柱のあいだの区画〕と7つの放射状祭室をもつ内陣が，12世紀に登場している。

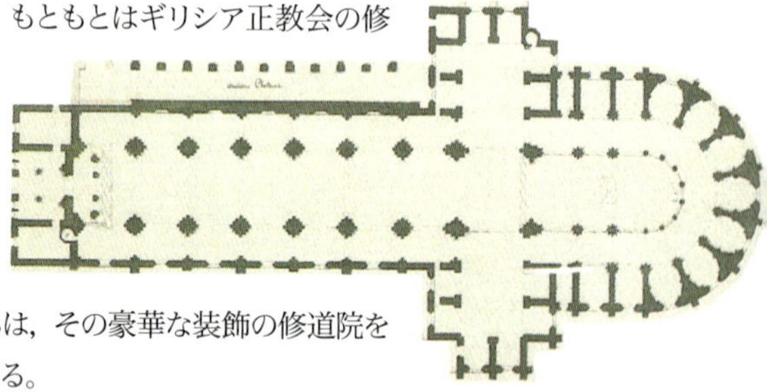

⇩ポンティニー修道院付属教会の図面（上）と，アルコバサ修道院付属教会（ポルトガル）の南側廊（下）――ポンティニーの大きな内陣と，アルコバサの天井が高い身廊〔入口から祭壇にかけての中央部分〕やその両脇の側廊は，初期ゴシック様式の大聖堂を思わせる。

12世紀の神学者ペトルス・カントールは，このように費用のかかる建築物は，聖ベルナルドゥスの理念からかけはなれていると非難した。

〔右頁下〕ヴォーセル修道院付属教会の後陣の図面。

⇧ジャーポイント修道院（アイルランド）の回廊──彫刻をほどこした柱が並ぶこの回廊は，聖ベルナルドゥスが厳しく批判した，豪華な装飾のクリュニー会の修道院によく似ている。

よりいっそう増していく豪華さ

本来は質素で飾り気がない小さな建物だったシトー会の修道院付属教会は，13世紀には司教区ごとに設けられた大聖堂に似せてつくられている。たとえばポルトガルのアルコバサ修道院，フランスのロワイヨモン修道院，イギリスのヘイルズ修道院の付属教会で，それらは12世紀の神学者ペトルス・カントールが批判した壮麗なゴシック様式の建物だった。

建築家ヴィラール・ド・オヌクールの『画帖』を見ると，長方形の後陣をもつシトー会修道院付属教会の理想的な図面と，当時のシトー会でもっとも大きな教会だったヴォーセル修道院付属教会（長さ約166メートル）の豪華な内陣の図面の違いがはっきりわかる。

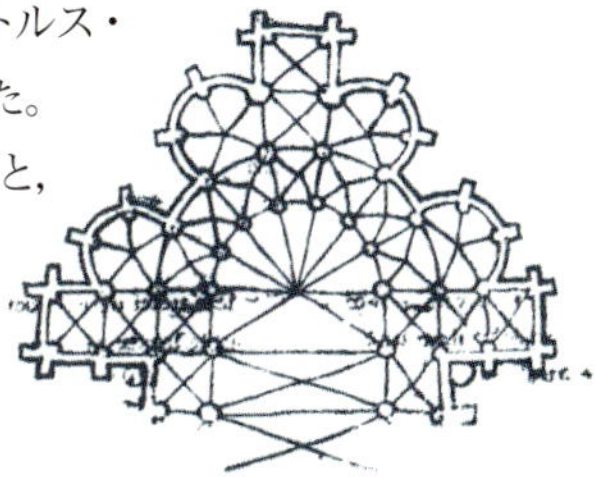

⇦ポブレー修道院（スペイン）にある歴代のアラゴン王の墓――修道院付属教会の内陣にある大きな霊廟に，代々の国王の墓がおさめられている。この巨大な建築物は，王家の絶大な権力を示している。

これら壮大で豪華な修道院付属教会のなかには，君主の保護の下にあるものもあった。それは修道院内にある君主一族の大規模な墓の存在でわかる。たとえばスペインのポブレー修道院のアラゴン王家の墓，フランスのモービュイッソン修道院や，ロワイヨモン修道院のフランス王家の墓などである。身分の高い人物のなかにも，慣例どおり教会の入口のポーチの下に埋葬してもらう人もいた。しかし，すべての人がそのように謙虚だったわけではなく，たとえば1494年に亡くなったブルゴーニュ公の家令フィリップ・ポは，シトー修道院のサン＝ジャン＝バティスト礼拝堂内に墓をつくっている。

初期の理念から遠ざかるシトー会修道士たち

すでに12世紀から，すべての修道院長が集まる「総会」に出席する際，修道院長たちは馬に乗り，武装した従者をつれていた。また，修道院の領地を広げるために，近隣の土地を奪うこともよくあった。さらに修道院のなかには，生産物を売るところも出てきた。

1159年に，ドイツのシュパイエル司教ギュンターは，マウルブロン修道院のグランギア（付属農場）をつくるために，ある村の土地をすべて買いとり，村民たちを追いはらったといわれている。13世紀初頭には，イギリスのヨークシャーで，合理的な土地活用をするために，修道院領にとりかこまれた村全体を修道院のものにするという出来事があった。ヨークシャーのシトー会修道院では10万頭の羊が飼育されていたが，それらがすべて修道院で消費されたといわれても，到底信じることはできない。

⇧アルコバサ修道院（ポルトガル）のイネス・デ・カストロの墓——ポルトガル王太子の愛妾だったイネス・デ・カストロは，国王の命令で処刑された悲劇の女性として，ポルトガルを代表する16世紀の詩人カモンイスから20世紀フランスの作家モンテルランまで，大勢の詩人や作家にインスピレーションをあたえた。彼女の墓の存在は，平穏なシトー会修道院に血なまぐさい「俗界」が侵入した例のひとつである。

⇦シトー修道院にあった，ブルゴーニュ公の家令フィリップ・ポの墓——これは破壊を免れて，現在はパリのルーヴル美術館に保管されている。フィリップ・ポが横たわる石板を，黒いマントで頭からおおった男たちが運ぶ姿は，悲痛な葬列の様子を再現したものである。

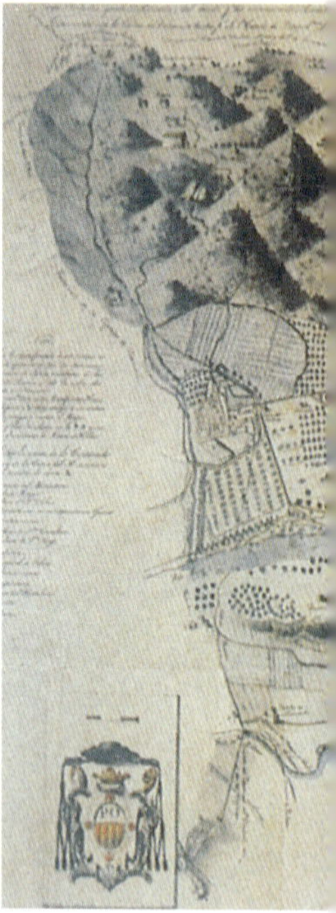

↖上空から見たグルナード=シュル=ガロンヌ──フランス南西部にあったグランセルヴ修道院は，領地の経営に行きづまり，1290年に，地方行政官ユスターシュ・ド・ボーマルシェと共有領主権をもつ契約を結び，グルナード=シュル=ガロンヌという町をつくった。その結果，修道院が開拓した「荒野」は，3000の区画がきちんと整備された都市集落（バスティード）に変わった。碁盤の目のような構造をもつこの町は，中世の都市計画のひとつの注目すべき例となっている。

領主制への回帰

領主制を否定し，修道士みずからが土地を開拓して農作業に従事し，自給自足の生活を営むことが，シトー会の原則だった。1119年に，シトー会修道院では農奴を所有したり，10分の1税〔教会が農民から収穫物の10分の1を徴収した税〕をとりたてることが禁止されている。

しかし非常に早い時期から，この原則は守られなくなった。たとえばクレルヴォー修道院は2万8000ヘクタールの土地を，またポルトガルのアルコバサ修道院は4万ヘクタールの土地を所有していたが，これほど広大な領地をもっていれば，修道院は自然に荘園領主のようになってしまう。早くも12世紀から，修道院は10分の1税や人頭税，地代などをとりたてはじめ，まもなく修道士や助修士〔労働専門の修道士〕を補佐するため，賃金労働者が雇い入れられるようになった。

13世紀になると，利益の少ないグランギア（付属農場）は譲渡されたり，集落に変えられるようになった。とくにフランス南西部では，シトー会修道院と地方行政官が共有領主権をもつ契約を結び，新しい町がつくられるケ

ースが多くみられた。1247年にブイラ修道院から誕生したフルーランス，1281年にルドゥ修道院から誕生したミランドとパヴィ，1290年にグランセルヴ修道院から誕生したグルナード＝シュル＝ガロンヌなどがそうした例としてあげられる。

反対に，利益が多いグランギアは余剰生産物を販売するようになった。1250年にフランス北部のヴォーセル修道院は北東部のランスに30万リットルのワインを発送しているが，これはまだつつましいケースである。フランス東部のブルゴーニュ地方，ドイツのライン川流域地方，スペイン，ポルトガルでは，もっと大規模にワインが生産されていた。

また，ドイツのサレム修道院では小麦栽培，イギリスのヨークシャー，フランドル〔ベルギー西部からフランス北部の地域〕，イタリアのポー川流域の修道院では牧畜，クレルヴォー修道院，ドイツのヴァルケンリート修道院，オーストリアの

⇧ポブレー修道院領の図面（18世紀）——この図面を見ると，フォンフロワド修道院の子院であるスペインのポブレー修道院の領地は，大領主の領地に匹敵するほど広大だったことがわかる。

〔左頁下〕ドイツのゼーリゲンタール女子修道院長ヘックルの牧杖——ドイツのベネディクト会修道院で1741年に制作されたもの。簡素さを原則とするシトー会修道院長の権威を象徴する牧杖とは思えないほど，豪華な品である。

ハイリゲンクロイツ修道院では製鉄，ドイツのライテンハスラッハ修道院では岩塩採掘（製塩は，バイエルン州のライヘンハルやザルツブルク州のハラインで行なわれていた），ベルギーのヴァル＝サン＝ランベール修道院，イギリスのニューバトル修道院やクーロス修道院では石炭採掘を専門とするようになった。

こうした生産物を貯蔵したり流通させるため，早くも12世紀から，修道院は都市に別館をつくるようになった。たとえばドイツのオッターベルク修道院は，すでに1195年にはカイザースラウテルンやヴォルムスといった都市の中心部に，立派な建物を所有していた。

⇧アルコバサ修道院付属教会（ポルトガル）の聖遺物箱――底辺が8角形のこの巨大な聖遺物箱は，修道院長のコンスタンティノ・サンパイオ（1661～72年）が，教会の聖具室のなかにつくらせたものである。全面に金箔を張った木製の箱で，木や彩色テラコッタでできた胸像や全身像がおさめられている。あまりに豪華な品のため，これを見た訪問客たちによって，「天の鏡」と呼ばれるようになった。

〔右頁左下〕コプジュヴィツァ修道院付属教会（ポーランド）の正面

栄華と衰退

13世紀になると，フランシスコ会やドミニコ会といった，托鉢（たくはつ）修道会と呼ばれる新しい修道会が誕生した。これらの修道会は，当時繁栄しつつあった都市で布教し，貧しい人びとに対し，現世を捨てて信仰に生きる自分たちの姿を模範として示すようになった。その彼らにとって，都市部に存在するシトー会の立派な建物は，領主の富を象徴する挑発的で時代錯誤の聖堂に見えた。農村と同じくらい都市が重要な役割をはたす時代になると，人びとはシトー会よりも托鉢修道会の清貧の理念に共感を覚えるようになった。

18世紀のシトー会修道院には，初期の修道院の簡素さとは対照的な，壮大なバロック様式のものが数多く見られる。ドイツのバイエルン州にあったエーブラッハ修道院は，1716年以降，建築家バルタザール・ノイマンによって華やかに再

⇧フュルステンツェル修道院の図書館（ドイツ）──壮麗なこの図書館は，建築家ヨハン・ミヒャエル・フィッシャーが設計したものである。豪華さの点でこの図書館を超えるものとして，ポーランドのルビョンシュ修道院の図書館があげられる。

建された。同じくバイエルン州のフュルステンツェル修道院も，1740年以降，建築家ヨハン・ミヒャエル・フィッシャーによって美しく改築された。その豪華さはフィッシャーの傑作であるベネディクト会のオットーボイレン修道院にも劣らない。ポーランド南西部のグリュッサウ修道院付属教会も，1734年から39年にかけて派手に生まれかわった。

こうしてシトー会は初期の理念を失っていった。しかし，シトー会の初期の理念は，時代を超えて改革の精神の模範として，社会に生きつづけた。たとえば，激動の社会のなかでよい教皇として職務をまっとうするための心がまえが記された聖ベルナルドゥスの『熟慮について』は，1520年にドイツの宗教改革者ルターがローマ教皇にあてた文章のなかで引用されており，もっと最近では，1944年に，第2次世界大戦中にドイツ軍の占領下にあったフランス

で，権力者に向けて非合法に翻訳されている。また，禁欲，瞑想，祈り，労働に基礎を置く生活にあこがれる人びとも，あとをたたなかった。

シトー会の遺産

17世紀にシトー会のラ・トラップ修道院長ランセは，11世紀にベネディクト会を去ってシトー会をつくった修道士たちと同じような苦労をしながら，本来の厳格な修道生活を目ざした。これは厳律シトー会（トラピスト修道会）と呼ばれる。しかしシトー会の改革は，17世紀初頭，パリの南西にあったポール＝ロワイヤル＝デ＝シャン女子修道院で，修道院長アンジェリック・アルノーのもとですでに行なわれていた。この修道院は，教会当局と国家権力の両方から弾圧を受けていたジャンセニスムという宗教運動と深く関わっていたため，のちにとりこわしの憂き目にあうが，シトー会の原点に立ちもどろうとしたこの修道院の改革は，記憶に留める必要があるだろう。

シトー会の功績は，完璧な修道生活の模範を内外に示したことだけではない。み

ずから開拓と耕作を行なったシトー会修道院の経済モデルがあったからこそ，ファランステール〔19世紀のフランスの社会思想家フーリエが提案した協同組合社会〕やコルホーズ〔ソ連の集団農場〕やキブツ〔イスラエルの協同農場〕などがあとに続くことができたのではないか。機能的で簡素ながら，われわれを神という超越した存在に導くシトー会修道院の建築があったからこそ，20世紀の建築家ル・コルビュジエやプイヨンの作品が生まれたのではないか。

現在でも，さまざまな分野の人びとがシトー会の功績を認めている。政治家のなかには，シトー会の統治制度を多国間制度のさきがけと考えるものもいる。またシトー会修道士は，環境保護論者にとっては自然保護の先駆者で，画家にとっては西ヨーロッパの最初の抽象芸術家なのである。このあとの章では，そうしたさまざまな遺産をのこした「シトー会が見た夢」について，概観していくことにしよう。

⇧ル・トロネ修道院付属教会（フランス南部）の南袖廊

〔左頁上〕ル・トロネ修道院の噴泉室の立面図と断面図，回廊の断面図――建築家フェルナン・プイヨンは，ル・トロネ修道院の簡素な建物から着想を得て，ル・トロネ修道院工事監督の日記と称した小説『粗い石』を書いた（左頁上は，『粗い石』所収の図面）。

〔左頁下〕ラ・トラップ修道院長ランセの肖像。17世紀に，彼は初期の理念に立ちもどるため，シトー会を改革した。

O FILI
PRAECEP
TA
MAGI
STRI

❖キリスト教が誕生してから1000年後，多くの人びとは，イエス・キリストの言葉を依然として彼自身の言葉とみなしていた。しかし，一部の厳格なキリスト教徒は，イエス・キリストの言葉は歴史の流れと共にゆがめられてしまったと考え，原点に戻ることを強く希望していた。なかでも1054年に東方教会と西方教会が分裂するという大事件が起きた11世紀は，西方教会にとって改革の時代だった。…………………………………………

第2章

シトー会の歴史

〔左頁〕カルロ・チニャーニ『聖ベルナルドゥスに「戒律」を手渡す聖ベネディクトゥス』（1751年，部分）——これは，ブリジゲッラ（イタリア）のサン・ベルナルド修道院の祭壇画である。当時の人びとは歴史的事実を無視して，聖ベルナルドゥスをシトー会の創設者とみなしていた。

⇨14世紀イタリアの画家シモーネ・デイ・クロチフィッシが描いた聖ベルナルドゥス——みずからの教えを書いた書物を，修道士や修道女たちに手渡しているところ。

原点への回帰

11世紀ごろに起きた宗教上の改革には，さまざまな形のものがあった。カタリ派やワルド派などの異端派は，ローマ教会からの離脱という過激な方法をとった。一方，ローマ教皇グレゴリウス7世（在位1073～85年）は「グレゴリウス改革」という名で知られる教会改革を行なった。このふたつの中間ともいえる改革が，聖書の福音書やキリスト教の起源をもう一度見直すというものだった。

修道会に属する人だけではなく，理想の生活の規律を求める人はみな，自分なりのやり方で改革をしようと考えた。グレゴリウス7世や11世紀イタリアの神学者ペトルス・ダミアニをはじめとする大勢の改革者は，使徒的生活〔イエス・キリストの教えを伝える活動をする信仰生活〕を，もっとも完璧ですぐれた模範的生き方であると考えて，それを目ざした。彼らはまたみずからの手本として，古代キリスト教の神学者である聖アウグスティヌスや，西方教会における修道制度の創始者である聖ベネディクトゥスなど，荒野で隠遁生活を送った人びとにも着目した。

モレームのロベール，アルベリクス，ステファヌス・ハルディング，ベルナルドゥスといった，シトー会をつくりあげた人びとだけでなく，カルトゥジオ会の創設者である聖ブルーノや，プレモントレ会の創設者である聖ノルベルトゥスも，似たような道をたどった。しかし，なかでも絶大な影響力をもつまでに発展したのはシトー会だった。

⇦エティエンヌ・ド・ミュレと隠者を描いたリモージュ七宝（12世紀）――この豪華な七宝は，エティエンヌ・ド・ミュレが設立したグランモン修道院にあったものである。エティエンヌ・ド・ミュレは，イタリア南部のカラブリアで隠遁生活を送ったあと，フランス中部のリムーザン地方でグランモン会を創設した。この七宝の豪華さとは対照的に，グランモン修道院ではきわめて質素で謙虚な共同生活が営まれた。

〔右頁〕13世紀イタリア画派『聖ベネディクトゥス』（サクロ・スペーコのフレスコ画）――聖ベネディクトゥスは，イタリアのスビアーコにあるサクロ・スペーコ（「聖なる洞窟」の意）で3年間隠遁生活を送った。その後，スビアーコ近くのヴィコヴァーロの修道院の改革に失敗したあと，ローマとナポリのあいだにあるモンテ・カッシーノに修道院を設立し，『戒律』を書いた。

このフレスコ画で，聖ベネディクトゥスは西方教会における修道制度の創始者にふさわしく，頭に光輪をつけ，フードつきの修道服を着て，片方の手で修道院長の権威を象徴する牧杖（ぼくじょう）をもち，もう片方の手で『戒律』を開いている。

「新修道院」

1098年3月21日，聖ベネディクトゥスの祝日に，モレーム修道院長ロベールは，フランス東部のディジョンに近い場所に，「新修道院」を設立した。これがのちにシトー修道院と呼ばれるようになるもので，ここからシトー会が誕生した。

1075年に，ロベールは理想的な修道生活を送るために，それまで修道院長を務めていたフランス北部の都市プロヴァンに近いコランの森に住む隠者たちをつれてモレームの森に移り，そこに修道院を設立した。このモレーム修道院は大発展をとげ，のちにカルトゥジオ会をつくる聖ブルーノはこの修道院で2年間を過ごし，ローマへの巡礼から戻ったイギリス人ステファヌス・ハルディングはここで修道士になった。

しかし修道院が発展するにつれて，理想的な修道生活を送ることは困難になっていった。寄進が殺到し，修道院に付属する多くの分院ができ，組織が肥大し，さまざまな雑事に追われるという現実は，ロベールが望んだものではなかった。

1098年のはじめ，すでに23年間をモレーム修道院で過ごしていたロベールは，改革の必要性を強く感じ，7人の修道士（そのなかには，のちにシトー修道院長となるアルベリクスとステファヌス・ハルディングもいた）と共にローマ教皇

大使のリヨン大司教ユーグに面会し,「これまで以上に聖ベネディクトゥスの戒律を厳格かつ忠実に」守るため,新しい共同体をつくりたいと訴えた。そして彼はボーヌ副伯ルナールとブルゴーニュ公ウードが寄進した土地に新修道院を設立し,教皇大使ユーグとシャロン司教ゴーティエは,その修道院に祝福をあたえた。

⇩1098年にシトー会を創設したロベールの牧杖——金メッキされた銀の,見事な透かし細工の牧杖で,渦巻形装飾の内部のバラ形装飾の中心には,宝石がはめこまれている。まだこのときには,聖ベルナルドゥスが称賛した簡潔さは,重要視されていなかった。

困難な出発と数々の波瀾

1099年に修道院長ロベールは,「荒野を好まない」数人の修道士を伴って,モレーム修道院に戻った。新修道院の新しい院長には,アルベリクスが就任した。アルベリクスは1109年に亡くなるまでに,新修道院の将来をたしかなものにすることに成功した。1100年に,ローマ教皇パスカリス2世が新修道院を教皇の直接の保護下に置くことを決定し,1106年11月16日には,シャロン司教ゴーティエがシトー修道院の少し南につくられた最初の付属教会に祝福をあたえたのである。

第3代院長ステファヌス・ハルディング(在位1109～34年)は,長い在位期間に数々の業績を残したが,大きな困難にも直面した。修道院の領地は面積も小さく質も悪かったので,共同体を維持することが難しくなった。寄進を受ければ寄進者の接待も行なう必要があったので,モレーム修道院と同じ失敗をくりかえす危険が生じた。修道士たちは,「自分たちがはじめたものが自分たちと共に終わってしまう」ことを恐れ,その原因がステファヌスにあると考えた。

こうした状況のなかで,1112年の春,ディジョン郊外のフォンテーヌの貴族の家に生まれた22歳の若者ベルナルドゥスが,シトー会への入会を願いでてきた。彼は4人の兄弟と母方のふたりのおじを含む,家柄のよい30人の仲間を一緒につれてきていた。奇跡ともいえるこの出来事によって,シト

ー会は危機を脱することになる。シトー修道院は1113年にラ・フェルテ修道院を，1114年にポンティニー修道院を，1115年にクレルヴォー修道院（ベルナルドゥスはこの修道院の初代院長になった）とモリモン修道院を，最初の子院として設立した。

シトー会のふたつの基本文書に，『愛の憲章』と『創立史』がある。これらは12世紀に何度も手直しされたため，内容に食い違いも多く複雑で，シトー会設立当初の背景を知ることは非常に難しい。

⇧シトー会に入るベルナルドゥスを描いた細密画（ヴァンサン・ド・ボーヴェ『歴史の鑑』所収）――修道院長ステファヌス・ハルディング（中央の，黒い帽子をかぶった人物）が，ベルナルドゥスと彼の仲間たちをむかえいれている。あざやかな色の衣装を着た世俗の人間と，地味な服装をした修道士や修道女が対照的に描かれている。

聖ベネディクトゥスの戒律のもとで

『愛の憲章』は，ポンティニー修道院の「設立憲章」のなかではじめて，『愛と一致の憲章』という名前で登場する。これは新しい修道院とそこから生まれた子院の関係を規定した文書である。『愛の憲章』には「これはわれわれの行為には少しも不一致がなく，われわれが同じ愛，同じ戒律，そして同じ慣習に従って生活するためである」と記されている。

『愛の憲章』には3つの版があり，シトー会の創設と発展の様子をまとめた『創立史』も，同じく3つの版がある。このふたつの基本文書に次ぐ重要な文書に，『総会議決規定集』と『助修士慣習規定』があるが，この文書によってシトー会設立当初の事情を正確に理解することはさらに難しい。しかし，こまかい事情に食い違いはあっても，シトー会の理念だけははっきりしている。つまり，6世紀近く前に書かれた「聖ベネディクトゥスの戒律」に立ちもどるということである。

シトー会が，西方教会における修道制度の創始者である聖ベネディクトゥスに対して敬意を払っていたことは注目に値する。同じ時期に，グランモン会の創設者エティエンヌ・ド・ミュレは修道規則の序文のなかで，聖バシリウス，聖アウグスティヌス，聖ベネディクトゥスなどの昔の神学者たちには目もくれず，「戒律のなかの戒律」，つまりイエス・キリスト自身の言葉を使徒たちが書きとった聖書の福音書の保護下に入る，といっている。カルトゥジオ会の創設者である聖ブルーノも，聖ベネディクトゥスの戒律から着想は得ても，それにこだわることはなかった。

⇐聖大グレゴリウス『ヨブ記注解』所収の頭文字「M」――『ヨブ記注解』第3巻は，1111年のクリスマスイヴにシトー修道院で完成した。写本の20頁表にあるこの頭文字「M」は，のちの時代に修正されたものである。シトー会修道士は染めていない白い修道服を着ていたが，奇妙なことに，ここではベネディクト会修道士のように，黒い修道服を着た姿で描かれている。

⇦聖ヒエロニムス『エレミヤ書注解』の挿絵（フランス北部のサン＝ヴァースト＝ダラス修道院で1125年ころに制作された写本）――初期の『愛の憲章』には，挿絵がまったくなかった。しかし，このすばらしい寓意的な作品は，挿絵がなかった『愛の憲章』から着想を得たものである。白い服を着たシトー修道院長（左）と，黒い服を着たベネディクト会のサン＝ヴァースト＝ダラス修道院長（右）が，おごそかに友好関係の契約を結んでいる。

頭に光輪をつけたふたりの修道院長は，それぞれ自分の修道院の模型を，ローマ教会の象徴である聖母マリアに捧げている。そして，聖母マリアが見守るなか，誓いを立てている。

手前でひざまずき，本を差しだしているのは，この写本を制作したサン＝ヴァースト＝ダラス修道院の修道士である。奥付には，この写本はステファヌス・ハルディングがサン＝ヴァースト＝ダラス修道院を訪れたあと，彼自身が注文したと書かれている（別の資料によれば，彼がサン＝ヴァースト＝ダラス修道院を訪れたのは1124年のことである）。このように，『愛の憲章』の精神は，修道会の枠組みを超えて，大きく広がっていた。

一方，シトー会は，食物や衣服に関して聖ベネディクトゥスの戒律を守り，戒律にないものは排除しようとした。たとえば，堕落の源である10分の1税を徴収したり，修道院に従属する数多くの分院を設立して愛と一致の精神に反する序列をつくりあげたり，農奴を所有することなどである。

このようなシトー会の理念は，孤独と清貧を求めはじめた当時の人びとの共感を得るようになっていった。

荒野を求めて

11世紀のヨーロッパは，人口密度こそ，それほどでもなかったが，人口がかなり増えていた地域も多かった。そうした地域のなかから，荒野で信仰生活を送りたいと望む人びとが数多くあらわれるようになった。彼らのなかには，隠者としてひとりで生活したいと望むものもいたが，共同で修道生活を送りたいと思うものもいた。

彼らは初期キリスト教の原則に従って荒野で隠遁生活を送った人びとにならい，人里離れた場所に共同体をつくりたいと考えた。その代表的な人物として，1036年にイタリアのヴァロンブローザに修道院を設立したジョヴァンニ・グアルベルト，1076年にフランス中部のミュレに修道院を設立したエティエンヌ・ド・ミュレ，1079年ころにフランス南西部のラ・ソーヴ＝マジュールに修道院を設立したジェロウなどがいる。

同じころ，荒野を舞台にイタリアのカマルドリ会やフォンテ・アヴェッラーナ会，フランスのフォントヴロー会など，その後も長く存続した修道会や，1147年からシトー会の傘下に入ったサヴィニー会やオバジーヌ会など，短いあいだだけ存在した修道会が誕生した。つまり，当時モレームのロベールが人里離れた場所に修道院をつくったことは，特別奇妙な出来事だったわけではないのである。

しかしまもなく，シトー会にとって荒野に修道院をつくることは，日常の現実を超越した詩的な意味を帯びるようになった。修道院をただたんに人里離れた場所に建てるだけではなく，未開拓の自然が特別に賛美されるようになった。

聖ベルナルドゥスの最初の伝記作者であるサン＝ティエリのギヨームによれば，「ベルナルドゥスにはカシやブナの木以外の師はいなかった」。ベルナルドゥス自身も，ヴォークレール修道院長アンリ・ムルダックにあてた1138年の手紙のなかで，「私の経験を信頼しなさい。本のなかよりも森のなかで，あなたは多くのものを発見するでしょう。木々や岩は，どん

⇩人里離れた場所で生活する隠者――裸足で，T字型の長い杖をつき，長いあごひげともじゃもじゃの髪が黒っぽい衣服のフードのように頭部をおおったこの人物は，15世紀のイタリアの画家たちが想像した，人里離れた場所で生活する隠者の姿である。

な師からも学ぶことができないものを，あなたに教えてくれるでしょう」と書いている。

西ヨーロッパの荒野は，初期キリスト教の隠者たちが住んだエジプトの砂漠とは異なり，森だった。サン＝ティエリのギヨームは，クレルヴォーを次のように描写している。

「深い森の奥，山間の狭い道に閉じこめられた静かな場所で，聖ベネディクトゥスが洞窟のなかで暮らしたように，神のしもべたちがひっそりと暮らしている」

実際のクレルヴォーは平凡な山にかこまれた沼地にすぎなかったが，聖ベネディクトゥスが隠遁生活を送った聖なる洞窟を引きあいに出すことで，土地の起伏や風土などの現実的な問題を超えた理想的なイメージが前面に出されている。

⇧フィリッピーノ・リッピ『聖ベルナルドゥスの前にあらわれた聖母マリア』——見事な風景画となっているこの絵の背景は，シトー会修道士が好む非常に人間味のある「荒野」を連想させる。聖ベルナルドゥスが座っている小さな洞窟は，岩壁にできた自然の棚に手書きの本が雑然と積まれ，修道士が読書を行なう修道院の小部屋のかわりになっている。画家の多くが，修道院の小部屋に聖母マリアが出現する様子を描いているが，この野外の小部屋にも聖母マリアは出現している。

⇦イタリアの画家パオロ・ウッチェロが描いたとされる絵画『隠遁地』(1460年ころ) ――この作品は，人里離れた場所で生活する隠者たちを描いた伝統的な絵画とは，いささか異なったおもむきをもっている。というのも，この絵で示されているのは修道院の歴史だからだ。まず中央では，聖書をラテン語に翻訳した聖ヒエロニムスが洞窟のなかでイエス・キリストに祈りを捧げている。

右下では，イタリアのヴァロンブローザに修道院を設立した聖ジョヴァンニ・グアルベルトが，イトスギにかこまれた石のベンチに並んで座る修道士たちに向かって，説教壇から話をしている。

左下では，岩のくぼみのなかで，聖ベルナルドゥスが聖母マリアと対話している。中央上部，険しい山の階段状の斜面では，フランシスコ会の創設者であるアッシジの聖フランチェスコが聖痕(せいこん)〔イエス・キリストが磔刑の際に受けた傷が信者の体にあらわれるという現象〕を受けている。

この絵画では，当時のイタリアの田舎の様子が反映されていると同時に，隠遁という同じ信条はもっているが，それぞれ違う時代，違う場所で活躍した人びとが，たがいに相手の存在を知らないまま共存している。

初期のシトー会修道院

⇧病気の聖ベルナルドゥスを描いたステンドグラス（16世紀）――カンブロン修道院長ファストレッドによれば，聖ベルナルドゥスは，シトー会の創設者たちは湿気の多い深い谷に修道院を建てたため，修道士は病気がちで，毎日死を目の前にしていたので，安心して生活することができないといったという。実際には，わざわざそのような土地を選んで修道院を建てたわけではない。しかし，シトー会修道院の多くが，狭くて起伏が多く住みにくい土地にあったので，このようないいつたえが生まれたのである。

聖ベルナルドゥスの文章には，シトー会修道院が「恐ろしく広大な人気のない土地」に建てられたという言葉がひんぱんに登場する。サン＝ティエリのギヨームや，神学者であるリールのアランなど，たくさんの同時代人の文章にも同じ言葉が見られる。しかし，この言葉を文字どおりにとらえてはならない。これは，聖ヒエロニムスによるラテン語版聖書のなかのモーセの歌（「申命記」32章10節）から借用された表現で，否定的あるいは肯定的な矛盾したさまざまな暗示的意味がこめられている。つまり，実際の地理を反映したものではなく，比喩的な表現なのである。

「荒野」とは象徴的な意味で，架空のものだといえる。フランスのエギュベル修道院やベルペルシュ修道院など，シトー会修道院の多くは，寄進によって得た古い修道院の建物を当面は利用し，のちに別の場所に移ることもあった。また，ドイツ北西部のニーダーザクセン州，ドイツ南西部のシュヴァーベンなど，いくつかの地域では，人が住んでいる場所に修道院が建てられ，それまであった村も修道院領として受けつがれたケースがある。

ポルトガルのアルコバサ修道院にいたっては，1153年にイスラム軍との戦いに勝利にしたポルトガル王によって，それまでイスラム教徒が住んでいた土地に建てられたもので，ここは「荒野」とはまったく程遠い場所だった。

ECCE CONSTITVI TE HODIE SVPER GETES ET SVPER REGNA VT EDIFICES ET PLATES

⇧クレルヴォー修道院の建設を誇張して描いた版画

荒野の夢

隠遁生活の理想的なあり方は，当時の政治や社会の現実にそぐわなかったため，当然のことながら，すぐに妥協を余儀なくされた。しかし，「恐ろしく広大な人気のない土地」が現実のものではないとしても，シトー会修道士たちはイマジネーションの力によって，手つかずの自然という幻想を守り，荒野の夢を保ちつづけようとした。

シトー会修道院につけられた名前は，当時の人びとに幻想的効果をもたらすものだった。たとえば12世紀の年代記作者オルデリクス・ヴィタリスは，「ラ・メゾン・ディユ〔神の家〕」「クレルヴォー〔明るい谷〕」「ボン・モン〔美しい山〕」「ロモーヌ〔恵み〕」といった修道院の名前に，最上の幸福をもたらす甘美な存在を感じ，うっとりさせられている。

実際，シトー会修道院の名前には，手つかずの場所の美しさを思わせるものが多い。美しい谷を意味する名前（ボンヌコンブ，ベルコンブ，ベルヴォー，ボンヌヴォー，ヴァルボンヌ，ヴァルブエナ），冷たい水や清らかな泉を意味する名前（フォンフロワド，アックアフレッダ，フォントネー，フォンテーヌ，ファウンテンズ，ベルエギュ，エギュベル，アックアフォルモーザ），明るく輝く川の流れを意味する名前（ヴォークレール，ヴォーリュイザン，クレールマレ，クレルヴォー，キアラヴァッレ）があげられる。また，「ノワルラック（黒い湖）」「グランセルヴ（深い森）」，急斜面のある山麓（さんろく）を意味する「リュクロワッサン」「ヴァルクロワッサン」「レスカル＝ディユ」などもある。

このような名前には，人間の手で失われてしまった自然を復活させたいというシトー会の思いがあらわれている。この壮大な自然保護の理想は，それまでの人里離れた場所で生活

イギリスでは，16世紀の宗教改革でシトー会修道院が解体されたため，広大な土地のなかに建物が放置され，廃墟となることが多かった。

する隠者たちが求めていたものとは本質的に異なっていた。

理想的な町である修道院

もとの姿をとどめていても，廃墟と化していても，シトー会修道院は機能の点と美しさの点で，その完成度がつねに称賛の的となっている。「理想的な町」である修道院は，なによりもまず世間から切りはなされたひとつの社会の必要性を満たすものでなければならなかった。

聖ベネディクトゥスの戒律にも，「可能ならば，修道院は必要なものがすべて修道院内でできるように，つまり水場，製

⇩トマス・ガーティン『カークストール修道院の眺め』（1800年）――イギリスのヨークシャーにファウンテンズ修道院の子院として1147年に設立されたカークストール修道院は，1539年に閉鎖されたが，その4世紀後もシトー会修道院としての外観は残されていた。エア川のほとりに建つこの修道院に，修道士が定住するようになったのは，1152年のことである。

粉所，菜園があり，さまざまな作業ができるように，つくられていなければならない。そして，修道士が外を出歩く必要がないようにする。外を出歩くことは，修道士の魂にとってまったくためにならないからである」と記されている。

早くも中世初期から，聖ベネディクトゥスが設立したイタリアのモンテ・カッシーノ修道院を手本として，貴族の大きな田舎の館に匹敵する，敷地内を塀でかこんだ大規模な修道院が建設された。聖ベネディクトゥスが戒律を起草してから5世紀たつと，修道院にもさまざまな形のものが登場した。

フランス東部のクリュニーでは，ベネディクト会から派生したクリュニー会が修道院付属教会の敷地内の塀のなかに，いくつもの礼拝堂，回廊，中庭，菜園，作業場などをつくった。塀の外には，狭い路地に工房や店，修道院付属教会の凝った装飾をまねた見事な石材で建てられた家が並び，小さな集落が形成された。

修道院を中心とした集落が発展し，同時に町そのものも発展した都市もある。フランス中部トゥールのサン＝マルタン，

⇧トゥールの町（17世紀の版画）――フランス中部のトゥールでは，サン=マルタン修道院を中心とした集落が発展した。

⇩フランス南部オード県の山脈に接する低木地帯にあるフォンフロワド修道院の全景――都市から遠く離れた場所に建てられたこの修道院は，都市部の修道院集落とは対照的な姿を見せる。

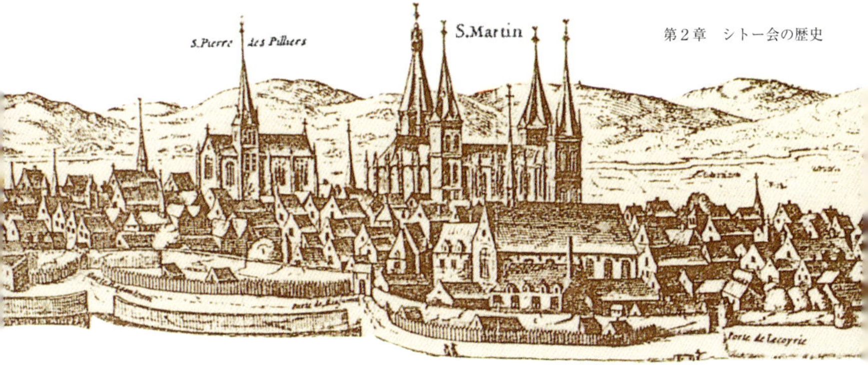

フランス北東部ランスのサン＝レミ，フランス中部ディジョンのサン＝ベニーニュが，それらの修道院集落の例である。ローマ，パリ，ケルンといった大都市では，修道院集落が急増し，都市の発展をより複雑化した。

　このような流れと決別し，人里離れた場所に修道院を建設したシトー会は，自治を原則とする理想的な町としての修道院をつくったのである。

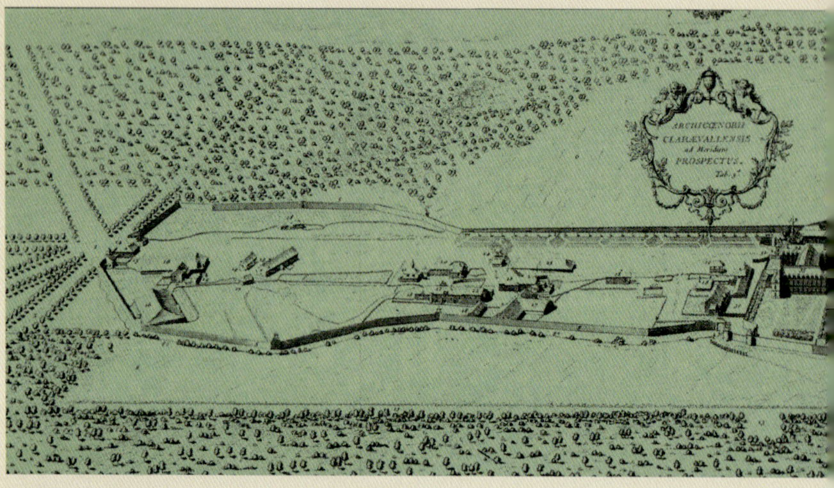
ARCHICŒNOBII
CLARÆVALLENSIS
ad Meridiem
PROSPECTUS.

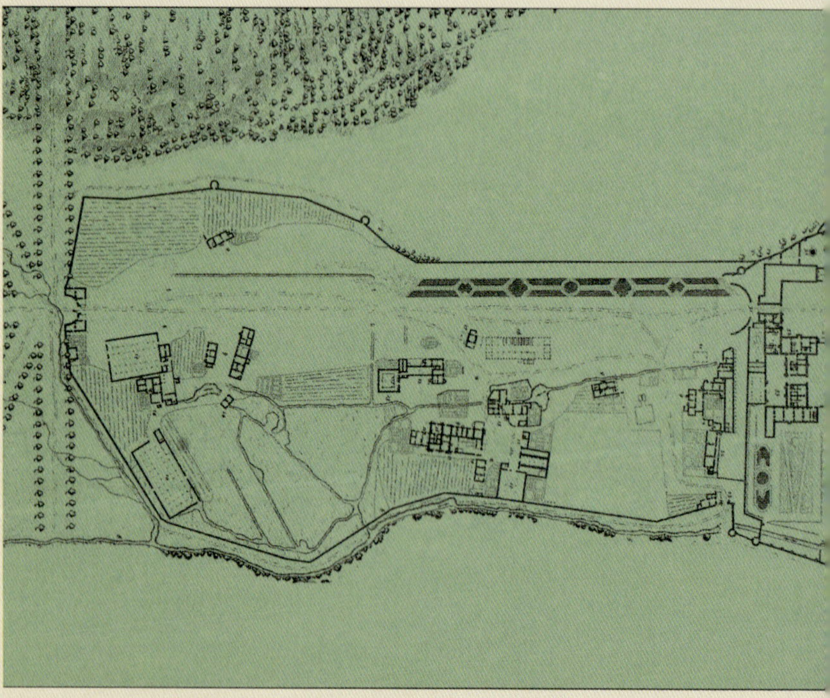

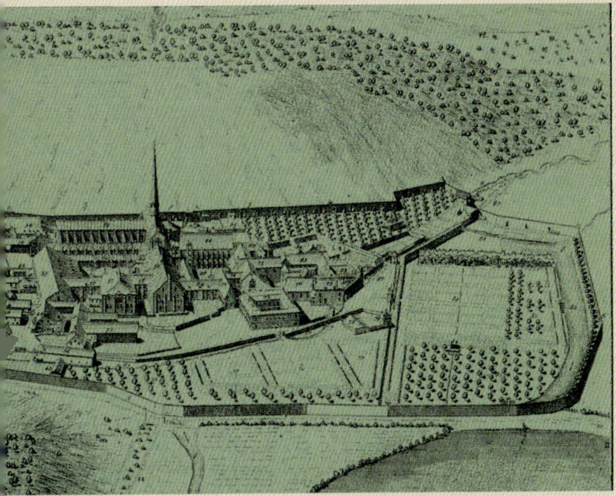

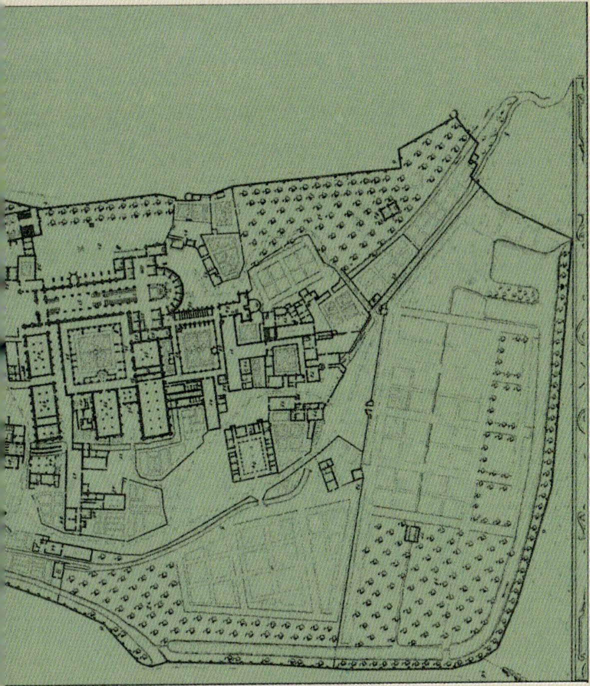

1708年のクレルヴォー修道院

上は立体図，下は平面図。共に，ドン・ミレーの絵をもとにしたルカスの版画で，くわしい説明文が添えられている。

この2枚の図は，クレルヴォー修道院がもっとも拡張したときの，地形に関する正確な情報をあたえてくれる。西（左）には，古い修道院の跡地につくられた農業用施設があり，さらにその西には，宿泊所としてつくられた新しい区域と門がある。厳密な意味での修道院は，付属教会と修道士が住む建物を中心に，東にまとまっている。教会の身廊〔入口から祭壇にかけての中央部分〕の南側には大きな回廊があり，北側には墓地がある。

右の南東の隅に見える，中央に中庭のある四角い大きな建物は病舎である。たとえばフランドル伯の礼拝堂など，修道院には状況に応じて，さまざまな必要性に合わせて，新しい建物がつけ加えられていった。

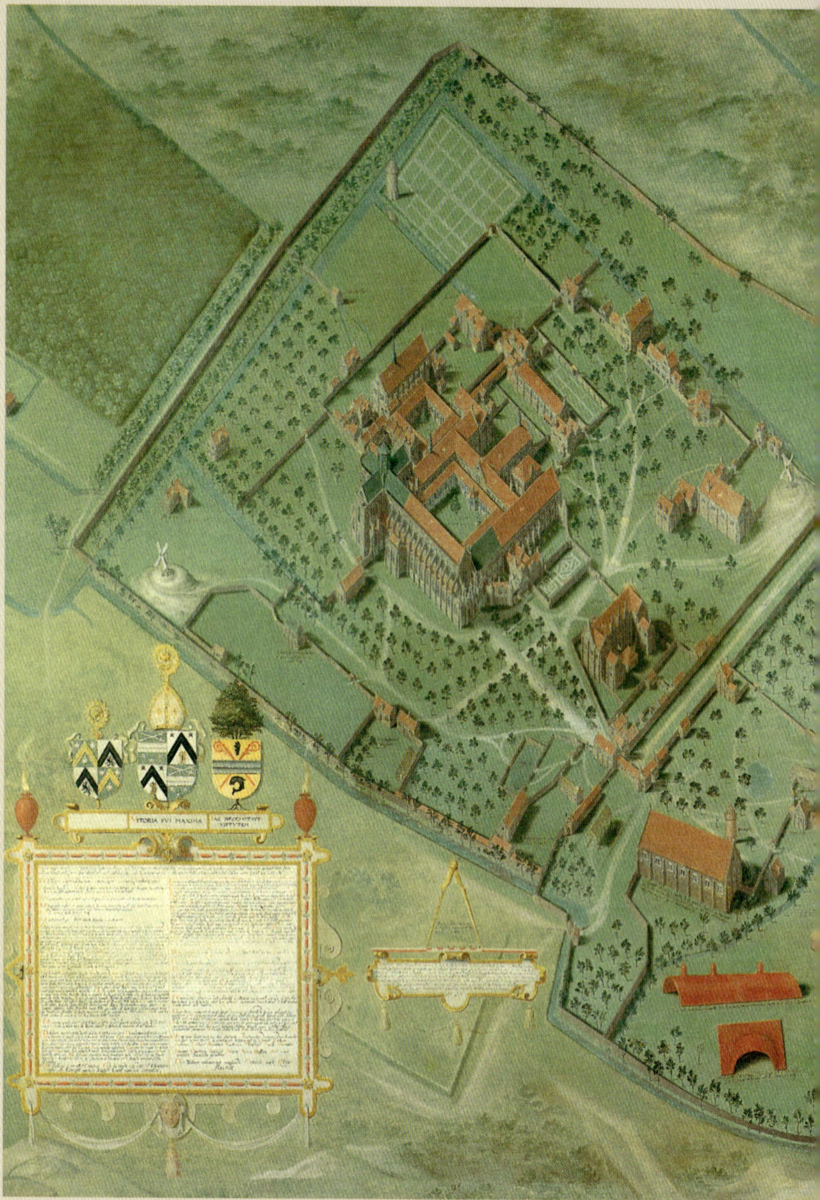

1580年のレ・デューヌ修道院

ピーテル・プルビュスが等角投影図法〔縦・横・高さの3軸が120度ずつの等角に交わる方向から見た投影図〕で描いた図面。カンバスに描かれたこの大きな図面は，修道院長ロベール・オルマンの依頼で1563年から制作され，修道院長がローラン・ヴァン・デン・ベルクにかわってからの1580年に完成した。

ここには1139年に聖ベルナルドゥスが訪れたころのこの修道院の絶大な力を思わせるものはなく，いつの日か崩壊した建物を修復したいという希望をもちつつも，衰退の一途をたどっていた時期の修道院の姿が描かれている。

左下の枠内にある説明文では，建物の役割，大きさ，材料がこまかく書かれている。北西には，農場の長方形の大きな倉庫がある（右上はその拡大図）。中央のやや右上，風車の近くは宿泊所がある地域で，その南には礼拝堂，織物工場，製パン所がある（右中はその拡大図）。南東には，菜園の端に，鳩小屋がある（右下はその拡大図）。

塀のなかで，完璧なまとまりをもつ建物群としての修道院は，空間制御と社会組織の傑作といえる

理想的なシトー会修道院の建築は，３つの側面から説明することができる。

第１は，地形の面である。建物の配置を決定するのは，修道院の生活全般に欠かせない水の流れである。水は堤防でさえぎられることによって養魚池をつくる。水は果樹園や菜園をうるおし，水車や砥石(といし)や縮絨機(しゅくじゅうき)〔毛織物の組織を密にする装置〕を動かす。水は導水溝や導水管によって修道院内に運ばれ，噴泉室の水盤を満たし，厨房(ちゅうぼう)の敷石の下を流れる。また水は手洗いや下水から排出される。

第２は，修道士たちの務めの面である。「祈り，働く」という修道院生活の重要な行為が円滑に行なわれるように，そ

⇧エラール『修道士が住む建物の断面図と立面図』（1853年，部分）——建築家エラールは，シトー会修道院の機能的な建築に魅了され，フランス北部のノートルダム＝デュ＝ヴァル修道院の見取図を描いた。

〔右頁右〕マウルブロン修道院（ドイツ）の回廊の噴泉室の外観（上）と内部（下）——３段の見事な水盤は，19世紀につくられたもの。修道士たちは，噴泉室で年に７回，髪とひげを剃った。

⇦フォントネー修道院（フランス東部）の集会室――フォントネー修道院の集会室の出入口の両側には，シトー会修道院には必ず存在する回廊に面して，アーチ状の開口部がふたつずつある。この構造は，建築理論家たちにとって，ひとつの手本となっている。

れぞれの仕事の時間や機能に応じて，的確な位置と大きさの空間が割りあてられる。回廊，礼拝堂，談話室，暖房室，食堂，厨房，大寝室などである。

第3は，修道院に住む人間の面である。修道院は文字どおりの小宇宙といえる，非常に限られた社会だが，そのなかには社会の多様性が凝縮されている。回廊の東側には，修道士たちの生活する場所がある。2階には大寝室が，1階には集会室と，その隣にはたいてい聖具室や談話室がある。付属教会の北か南には，厨房，暖房室，食堂がある。シトー会の創設と発展の様子がまとめられた『創立小史』に記されているように，修道士と助修士〔労働専門の修道士〕が生活する区域はわかれている。

助修士の住居は回廊の西側にあり，修道士の住居よりも簡素で，2階の大寝室と1階の貯蔵室や食堂は，壁によって隔てられている。付属教会内も，修道士と助修士の区域はわかれていて，修道士の内陣〔祭壇を中心とする空間〕は祭壇のすぐ近くにあり，助修士の内陣は一部が身廊〔入口から祭壇にかけての中央部分〕と重なっている。なかにはドイツのマウルブロン修道院のように，修道士と助修士の区域が柵で物理的に区切られている場合もある。

原則的に，世俗の人間は修道士や助修士が生活する修道院内の建物の大半に入ることができない。聖ベネディクトゥスの戒律の言葉を借りれば，世俗の人間はみなイエス・キリストのように客としてむかえられる。聖ベネディクトゥスは，『戒律』の第53章を客に関する記述にあてている。それによれば，客のための厨房は別のものでなければならず，十分な数のベッドがある宿泊所を用意しなければならない。そのためシトー会修道院では，敷地内の正門のそばに，食堂，大寝室，病舎を備えた宿泊所が設けられた。この宿泊所の区域には，通りがかりの訪問者のためにつくられた礼拝堂が存在することも多い。

図面からはっきりと読みとれる社会組織によって，さらにいくつかの原則がわかる

修道士と助修士の生活空間には多少とも目に見える境界線が存在する。この空間から，けが人や病人ならば一時的に，老人ならば長期的に排除されることになる。敷地内の東側の少し離れた場所に，病人用に特別に肉を調理する厨房，食堂，個人用の寝室，薬局などが備わった病舎が建てられることがあった。

フランス北部のウルスカン修道院の病舎は，長いあいだ「死者の部屋」と考えられてきたが，そこに遺体を安置することがあったとしても，おそらくそれは一時的なことだったと思われる。しかし，修道院内には死者のための区域もあった。つまり，墓地である。墓地は，生者である修道士や助修士が

⇧タヴェルニエ・ド・ラ・ジョンキエール『ウルスカン修道院の死者の部屋の眺め』（1780年ころ）——フランス北部のウルスカン修道院で南東に建っている大きな建物を，この水彩画では遺体安置所として描いている。現在では，この建物は病舎と呼ばれているが，正確な用途については判明していない。

〔右頁下〕ボーリュ＝アン＝ルエルグ修道院（フランス南部）にある修道院長の墓石

生活する空間とは，厳密に区別されている。

聖ベルナルドゥスは，2世紀の神学者テルトゥリアヌスの言葉を何度もくりかえしている。つまり，「キリスト教徒にとって修道院とは，預言者たちにとっての荒野のようなもの」で，「自分の意志で入る牢獄で，いつでもその扉が開かれている牢獄」だという。また，彼は自分が修道院長を務めたクレルヴォー修道院を，キリスト教の聖地であるエルサレムに見たてようとした。彼は，修道院の機能性や社会組織は，修道院がもつ神秘的な側面と切りはなすことができないと考えた。つまり，彼にとっての修道院は，いずれすべての信者が行くことになる天のエルサレム（天国）を先どりした理想的な町でなければならなかったのである。

SIN
VI
LITT

diuersa leguntur cantica:
sco reserante lamtationes

❖17世紀になると，当時の信仰生活に一致したイメージをつくるため，シトー会創設当初の古い文書が編纂された。以後，修正され，美化されたイメージが，ひとつの図式として定着することになる。現在のわれわれがもつシトー会のイメージは，おそらくその影響を受けている。……………………………………………………………………………………

第３章

シトー会の制度

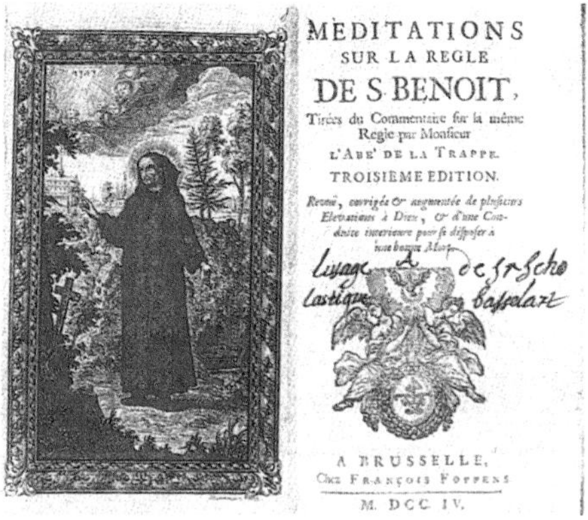

〔左頁〕青色の装飾文字「S」(1150年ころにシトー修道院で制作された写本より）――この装飾文字のなかには，シトー会芸術の簡素さがあらわれている。

⇦ラ・トラップ修道院長ランセの著書『聖ベネディクトゥスの戒律に関する省察』――17世紀以降，シトー会のモデルは洗練され，完全なものとなった。

現代でも意味を失っていない「シトー会の夢」

何人もの建築家が，実際には存在しなかったタイプのシトー会修道院の図面を描いている。それらは実在しなかったにもかかわらず，現代の建築に大きな影響をおよぼしている。同じように，20世紀初頭以降の経済史家たちは，研究者たちの疑問をよそに，シトー会の修道院領に対する考えを一般社会にあてはめることができると主張している。こうした事実は，シトー会の夢，つまりシトー会がつくりあげた理想が，現代的意味を失っていないことを意味している。

⇧シトー修道院の印章の裏側（17世紀）――4つの子院にかこまれたシトー修道院が刻まれている。

シトー会の統治制度

歴史家たちがまずシトー会の統治制度に着目したのは，それが多くのシトー会文書，とくに『愛の憲章』（最初の版は1114年に書かれたと思われる）にはっきりと書かれているからである。

シトー会の統治制度の新しさは，修道院内の組織ではなく（修道院内の組織は，聖ベネディクトゥスの戒律に従っている），シトー会に属するすべての修道院の関係についての独自の制度にある。かつて聖ベネディクトゥスもそれぞれが独立した修道院をつくったが，歴史の流れと共に，修道院間の序列が生まれていった。たとえば，クリュニー修道院は法律的にも精神的にも自治権をもたない数多くの分院の上に君臨していた。

シトー修道院の第3代院長ステファヌス・ハルディングは，修道院の孤立と従属というふたつの欠点を乗りこえた，きわめて大胆な制度を導入した。シトー修道院から生まれた子院（しいん）はすべて，修道院長，副院長，用度係，修練長〔修道誓願を立てるまえの見習い修道士を指導する修道士〕，修道士，助修士を備えた完全な組織とし，自治によって独立する。し

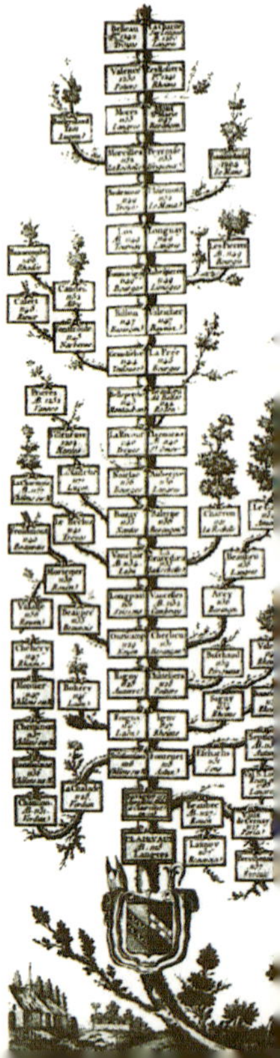

かしそれらの子院はみな，友好関係と，共通の生活様式と，共通の愛によって結びつけられるものとした。

シトー修道院は母修道院，子院は娘修道院と呼ばれ，いわば「親子関係」が形成された。母修道院の院長は，年に1回，子院を視察する。これは，子院がシトー会の一体性を維持しているかを確認するためで，通常の運営にはいっさい介入しない。しかし，子院の院長が亡くなった場合，新しい院長が選ばれるまでのあいだ，母修道院の院長が子院の院長のかわりを務める。さらに，子院の院長が重大な規律違反などその地位にふさわしくない行為をした場合，院長を辞めさせることができる。また，修道院の移転などの重要な決定をくだすことができるのは，母修道院の院長だけである。

⇩ド・ラ・ランド『フランスのシトー会修道院の系図』（18世紀）――1776年にフランス王ルイ16世に献呈されたこの系図では，18世紀に急増したシトー会修道院の「親子関係」が示されている。４本の木の根元にあたるのがシトー修道院の最初の４つの子院（左のふたつがラ・フェルテ修道院とクレルヴォー修道院，右のふたつがポンティニー修道院とモリモン修道院）で，ここから数多くの子院が生まれていった。

子院も母修道院となってみずからの子院をもつことがあり,「親子関係」は代々つづいていく。子院はすべてもとをたどると,シトー修道院の最初の四子院,つまりラ・フェルテ修道院,ポンティニー修道院,クレルヴォー修道院,モリモン修道院のどれかに行きつく。この最初の四子院の院長は,シトー修道院に対して,母修道院の院長としての役割をはたす。

母修道院の院長からの不当な干渉を回避する制度として,年に1回,夏の終わりに,シトー修道院ですべての修道院長を集めて行なう総会がある。修道院長は全員対等の立場で参加し,『愛の憲章』で定められた平和と愛の精神でさまざまな問題に関する討議を行なう。

中央集権化と無政府状態のどちらにもならないように,12世紀はじめに定められたシトー会の統治制度は,中世のきわめて革新的な政治構造として,相当な影響をおよぼした。

実際には,どうなったか?

古代ギリシアのアテネの民主政が,非常に小さな都市国家のなかでしか機能しなかったのと同じく,ステファヌス・ハルディングが理想とした調和は,狭いひとつの地域でしか持続しなかった。

皮肉にも,シトー会の発展が原因で,シトー会独自の制度は崩壊した。まずはじめに,「親子関係」の原則が崩れ,母修道院によって設立された子院以外の修道院が加わった。つまり,女子修道院が誕生したり,さらにはシトー会の名声に惹かれた別の修道会が,シトー会の傘下に入ることもあった。

さらに重大な問題も生じた。初期のころ,総会がしだいに重要なものとなったため,母修道院の修道院長の力が弱まった。また母修道院の修道院長が,子院の視察という義務をはたせなくなっていった。たとえば,クレルヴォー修道院長の聖ベルナルドゥスは1152年に70の子院を視察しなければならなかったが,そのような時間や体力があったとは思えない。

⇧フーケ『エティエンヌ・シュヴァリエの時祷書』(1461年以前,部分)――クレルヴォー修道院の集会室で,聖ベルナルドゥスが聖書の「雅歌」について講義している姿を描いた彩色挿絵。この絵から,中世末の総会の様子を想像することができる。

時代がくだると，総会自体がその巨大さに押しつぶされるようになった。総会が開かれたシトー修道院の集会室は，最大収容人数が300人だったのに，1250年には647人の修道院長が存在した。また，はじめは女子修道院長も総会に出席することが認められていたと思われるが，1237年に，女子修道院長は総会から締めだされている。

つまり，12世紀に最盛期をむかえたあと，シトー会の統治機構は，もはや規定どおりではなくなった。視察の間隔があき，総会への欠席が増えた（1514年には，17人の修道院長しか総会に出席していない）。さらに，総会はすでに1265年の時点で，複数の修道院長からなる執行委員会に実権をゆだねていた。このときから，シトー会の制度に関する当初の理念

「すべての修道院の母であるシトー修道院は，以下の事項を特別に権利としてもつ。つまり，すべての修道院長は，年に1回シトー修道院に集まり，規律を正し，平和を確立し，愛を保持するようにする。悪い点を直さなければならない場合，各人は尊敬と謙遜をもってシトー修道院長とこの聖なる集まりに従うこと。（略）この集会には，以下の利益も期待される。つまり，修道院長のひとりが極度の貧困状態にあることが偶然わかった場合，各人は愛が命じることに従い，資力が許すかぎり，その兄弟の貧困を助けるために，全員が努力する。次のふたつをのぞいて，どのようなことも，毎年の総会を欠席する正当な理由として認められない。つまり，病気と修練士〔修道誓願を立てるまえの見習い修道士〕の祝福という理由である。このような事態が起きた場合は，副院長を代理として派遣する。もし，これ以外の理由で自分の修道院にとどまろうとするものがいれば，そのものは次の総会であやまちの許しを求めること。そして，修道院長たちの判断にもとづいて，軽い罪としての償いをする」

『愛の憲章の要約』

は失われ，実務の円滑な遂行に重点が置かれるようになった。

シトー会の経済制度

シトー会の創設者たちは，自分たちの修道院領を領主制から完全に切りはなそうと考えた。修道院が所有する土地は，修道士と助修士が労働と祈りで日々をすごしながら，聖ベネディクトゥスの戒律に従い，社会から隔離された修道院にとって必要なものをみずから生産した。その土地からは余剰品は生まれず，せいぜい，『愛の憲章』の以下の文章からわかる程度のものを備蓄しておくことが勧められている程度だった。

「もし，修道院のいずれかが，耐えがたいほどの貧困に陥ったら，（略）すべての修道院長は激しい愛の炎で身を燃やしながら，それぞれが可能な範囲で，神からあたえられた財産によって迅速にその修道院の困窮を救わなければならない」

修道院が直接農業に従事し，自給自足経済を営むために，聖ベネディクトゥスの戒律に従った制度が整えられた。まず，塀でかこまれた修道院の敷地内に，たくさんの農業用施設や工業用施設が建てられた。次に修道院の塀の外，すぐ近くに土地を開拓した。言い伝えによれば，初期に土地を開拓した修道士たちは，林のなかの空地の中心，必要な収穫物を生みだす広大で肥沃な空間に，修道院が設立されることを望んだという。

さらに，修道院から離れた場所にグランギア（付属農場）がつくられた。『総会議決規定集』によれば，グランギアは修道院から徒

⇧聖大グレゴリウス『ヨブ記注解』所収の頭文字「Q」――身をかがめて穂を鎌で刈る修道士の体と，そのうしろに置かれた刈穂で「Q」の文字が表現されている。農業暦でもっとも重要な時期に行なわれる収穫は，農場でのシトー会修道士の仕事を象徴している。

⇧イェルク・ブロイ『畑で祈る聖ベルナルドゥス』――16世紀初頭に描かれた，ツヴェットル修道院（オーストリア）の祭壇画のパネル。祈りを捧げる聖ベルナルドゥスのそばで，修道士たちが収穫作業を行なっている。

左頁右上は，同じ時期に制作されたザンクト・アーペルン修道院（ドイツ）のステンドグラス。手前のふたりの修道士が鎌で麦を刈り，後方のふたりの修道士が，刈った麦を束にして並べている。

歩で１日以内の距離に置かれ，隣のグランギアとは少なくとも２ブルゴーニュ・リュー〔約12キロメートル〕は離れていなければならなかった。これらのグランギアは，おもに助修士（彼らは修道院で行なわれる日曜日のミサに出席する義務があった）と賃金労働者によって管理された。修道士は収穫時などの特別なときだけ，グランギアへ行った。

大都市と衛星都市のように，修道院を中心とした周辺に，助修士たちが働くグランギアが配置されたシステムは，その後，多くの都市計画の専門家の関心を引くことになった。

徒歩で１日以内の距離の原則が崩れる

もちろんこうしたシステムは，初期のシトー会修道士たちが考えたようには機能しなかった。シトー会の創設当初から，修道院の建物と同じくグランギアが置かれる場所も，寄進者の考え方次第だった。できるだけ都合のよい場所を手に入れたり，別の場所と交換したりという合理化は行なわれても，修道院が所有する土地は，すでに12世紀末からある程度分散していた。また，グランギアは，穀物栽培，牧羊，営林，鉱業など，それぞれの目的に応じた場所につくる必要があった。そのため，土の性質，地下資源，水源の確保，日当たり，標高などが考慮された。

こうした理由から，グランギアは修道院から徒歩で1日以内の距離に置かれることという決まりは，すぐに守られなくなった。たとえばクレルヴォー修道院の最初の6つのグランギアのうち，もっとも遠いものは3リューの場所にあり，13世紀には修道院から153キロメートル離れた場所にグランギアが開拓された。フランス中部のオバジーヌ修道院は，大西洋沿岸のオレロン島に塩を製造するグランギアを所有していたが，修道院からこのグランギアまでは直線距離で250キロメートルもあった。1255年には，イタリアのフォッサノーヴァ

⇩ヴォロラン（フランス北部）のグランギア――穀物栽培を専門とするヴォロランのグランギアは，シャーリス修道院の近くにあり，「徒歩で1日以内の距離」という原則に従っている。

しかしすでに1153年に，シャーリス修道院は，遠い場所にあるトゥルシュールやロタンギーのグランギアを所有していた。シャーリス修道院から直線距離で，トゥルシュールは56.4キロメートル，ロタンギーは64.8キロメートルあった。土地の高低差を考えると，実際はその2倍の距離になる。

シトー会修道院領は，当初は共同体の生計を立てるためだけの質素なものだったが，すぐに特殊な機能をもつグランギアをいくつも所有する大企業のようになった。

修道院が，修道院から徒歩で24日の場所にグランギアを設置した。

多様化し，規律がゆるんだシトー会修道院領は，もはや創設当初のような自給自足を行なうための土地ではなくなった。グランギアでの生産は増加し，おそらく13世紀には最高の生産高を記録した。しかし1274年の総会で指摘されているように，グランギアの労働を担当する助修士はしだいに不足し，その数はますます減っていった。たとえばイギリスのリーヴォー修道院では，12世紀中ごろに500人いた助修士が，1381年にはわずか3人になっていた。

⇧ポルトガルのアルコバサ修道院のために描かれた絵画（17世紀）——グランギアの敷地は柵でかこまれることが，『総会議決規定集』によって決められていた。しかし，たとえばポルトガルでは，グランギアが移住植民地に変えられると，この柵は姿を消した。この絵の背景の一番奥に見える建物は，高さのあるグランギアの穀倉ではなく，背が低い村の民家だが，画家がまちがっているのではなく，実際にこのような光景だった。

直接経営の原則が崩れる

1210年から20年代には，修道院は総会が提示した条件を

EXPOSITIONIS: IN
DANIHELE̅ · PPHAM;
N
TERCIO · REGNI

満たした上で，分益小作制度〔領主と農民とのあいだで収穫物を一定の比率で分配する小作制度〕をとりいれるようになった。1262年には早くも，修道士と助修士が小作人として土地を耕すことが認められている。1315年には，終身の賃貸借契約まで登場した。グランギアの売却に関しては，1269年と1281年には処罰の対象となっているが，まもなく日常茶飯事となり，問題視されなくなった。

総会は1445年，「修道会の規定に照らしあわせて，あまりにも法外な行為」は禁止すると表明した。これによって，初期の理念は完全に過去のものとなり，シトー会修道院領は領主制の因習にからめとられることになった。

シトー会の芸術モデル

現在のわれわれがモデルとしているシトー会芸術は，壮大なバロック様式の修道院の芸術ではない。また，初期のシトー修道院で制作された彩色写本でもない。ステファヌス・ハルディングの『聖書』，聖ヒエロニムスの『注解』，聖大グレゴリウスの『ヨブ記注解』など，12世紀初頭に描かれた，優雅な図案と繊細な色づかいが特徴のそれらの彩色写本は，シトー会の簡素さとは別物のように思われる。

一般的にシトー会芸術のモデルとされているのは，非常に限られたものである。15世紀以降に登場した数多くの豪華な建築物は，この範疇には入らない。シトー会の建築に関する規則を厳格に守っているフランス南部のル・トロネ修道院や，アメリカ・ニューヨーク州のジェネシー修道院が，シトー会芸術のモデルとなる建物である。ドイツのハイルスブロン修道院の食堂のアーチの頂上の要石（かなめいし）を飾る怪物や，オーストリアのメレラウ修道院の新修道院付属教会の正面入口をおおう奇妙な人物の彫刻は，当然のことながらシトー会芸術のモデルの対極にある。

〔左頁〕ライオンの洞窟に投げこまれたダニエル（聖ヒエロニムス『ダニエル書注解』の本扉，12世紀初頭）——シトー会芸術のひとつの様式に属する，非常に美しい作品である。色あざやかな絵画の部分と，褐色のインクで描かれた素描が絶妙に組みあわされ，繊細な体の線と力強い描写による服のひだが，見事なコントラストをなしている。しかしこのような華麗な作品は，まもなく禁じられるようになった。

⇧単色の頭文字「A」（聖アウグスティヌス『詩編注解』より）—シトー会では1152年に，本の装飾に関する規制が行なわれた。頭文字だけは装飾してよいが，1色しか使ってはならず，ものの形をかたどることも禁じられた。以後，約40年間，「単色の様式」が幅を利かせるようになった。

シトー会芸術のモデルとは，厳密にいえば「ベルナルドゥス様式」なのである。聖ベルナルドゥスは，豪華な装飾やものの姿をかたどったモチーフを拒否し，シトー会の建築物はあくまでも簡素なものでなければならないと主張した。過剰な装飾は，修道士たちの気を散らすため，修道院にはふさわしくないと考えたからである。人里離れた場所で生活する隠者たちの姿がその根底にあるこの考えを，1152年，1202年，1257年に，総会は成文化した。まずは，彩色された木製の十字架をのぞき，典礼用の豪華な装飾，彫刻，絵画が禁じられた。次に，写本の飾り文字は単色で，ステンドグラスには色をつけないものとされた。最後に，鐘楼，壁画，敷物，舗装に関する一連の決まりごとが定められた。

⇧レポー修道院（フランス西部）の骨組みの一部——幾何学的なモチーフが，バラの花のような装飾になっている。

シトー会とクリュニー会

19世紀以降，一般的にシトー会とクリュニー会の芸術モデルは対照的なものとされてきた。シトー会の芸術モデルは，つつましさ，清貧，静寂という言葉に集約できる。信仰は，祈りと瞑想に没頭できる簡素な建築のなかで燃えあがる。クリュニー会の建築では豪華な材料を使うことで神の威厳を輝かせ，林立した円柱によって支えられた巨大なアーチ形天井に向かって華やかな歌声が響き，ぜいたくな香が立ちのぼる。

1130年以降，シトー会とクリュニー会のあいだでは，修道生活のありかたをめぐって激しい論争がくりひろげられた。

⇩ル・トロネ修道院（フランス南部）の回廊のアーケード――この建築には，あいまいな部分がまったくない。どっしりした柱，飾り気のない柱頭がついた円柱，基礎の上に乗った土台が，厳格な比率，石材の美しさ，光の魔術によって，見事な作品になっている。厚い壁や円形の小さな窓が開けられた上部のアーケードを備えたこの建造物は，牢獄であり楽園でもあるシトー会修道院の回廊の理想的な姿である。

⇦（左）フォントネー修道院（フランス東部）の回廊――この長い花びらのような柱頭の装飾には，シトー会修道院の建築の簡素さがあらわれている。このタイプの柱頭は12世紀にかなり広まったが，簡素であることという条件を満たすかぎり，シトー会建築ではさまざまなタイプの柱頭が自由に採用された。

上は，1197年以降に建てられ，1246年に祝福があたえられた，ドイツのアルンスブルク修道院付属教会の身廊の柱頭。様式的に相いれないと思われる，さまざまな形の柱頭が共存していることに驚く。

立方体の柱頭，あるいは杯状の柱頭の隣に，葉形装飾の柱頭が並んでいるが，この葉形装飾もさまざまで，あるものはコリント式〔ギリシア古典建築様式のひとつ〕の，別のものはゴシック様式のものに似ている。

しかし両派の対立を，それぞれの芸術モデル上の大きな違いと短絡的に結びつけてはならない。シトー会のキーワードが「禁欲」であることはたしかだが，クリュニー会のキーワードを「浪費」と決めつけることはできない。

パリ郊外のサン＝ドニ修道院長シュジェールは，クリュニー会建築の物質的な壮麗さを非難した聖ベルナルドゥスに対して，人間の心は弱いので，目に見える物質的なものを通してでしか神の光のほうへ向かうことができないといっている。物質的なものを感覚によって理解することで，救いを得ることができるというのである。

一方，クリュニー会はシトー会が芸術というものを拒絶していると非難したが，それも誤りである。聖ベルナルドゥスは，数と比率の調和がとれた洗練された芸術，神の創造の道具とみなされた数学と結びついた芸術，静寂と光によって神の完璧さのイメージをつくる芸術，白い石を組みあわせることで生まれる純粋な立体感によって神の幾何学的構造を総合的に理解することのできる芸術は認めている。

彫刻，あざやかで過剰な色彩，音域が広くメロディのくりかえしが多い音楽は，シトー会では認められなかったが，こ

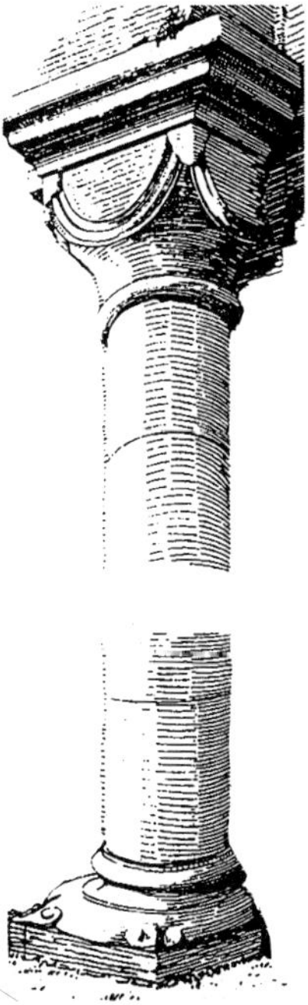

れは，神にいたる道を歩むためには必要のないものと判断されただけで，芸術を拒絶したというのとはまったく別の次元の話である。

完全に一貫性のある芸術

いうまでもないことだが，聖ベルナルドゥスの芸術モデルは，原点に立ちもどることを意味する。ステファヌス・ハルディングが，初期キリスト教の伝統を受けつぐためにアンブロシウス聖歌〔4世紀のミラノの司教，聖アンブロシウスがつくったとされるミサなどの際に歌われる歌〕の研究をしたのと同じく，聖ベルナルドゥスは初期キリスト教の教会堂の図面の長所を考察したようである。

こんにち「ベルナルドゥス様式」とよばれている建築様式の平面図は，身廊〔入口から祭壇にかけての中央部分〕とそれに直交して設けられた南北の袖廊（そでろう），内陣〔祭壇を中心と

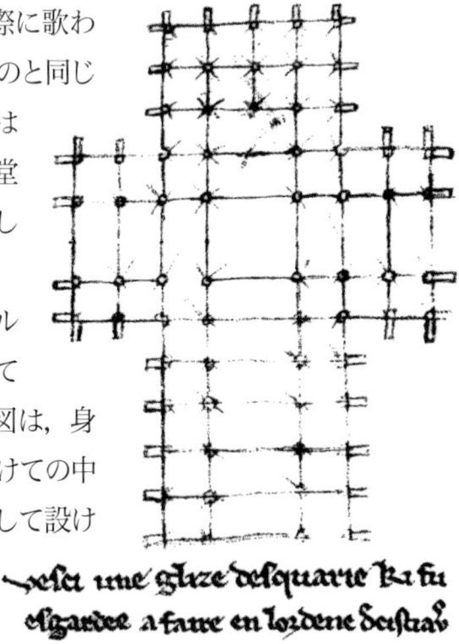

⇦ヴィラール・ド・オヌクール『画帖』（13世紀）所収のシトー会修道院付属教会の図面――身廊とその両側の側廊が，交差廊から内陣とその奥の長方形の後陣に向かってのびているこの図面は，ラテン十字の形をしている。

図面の下に書かれた文章によると，これは実際に建てられた教会の図面ではなく，ひとつのモデルとしての図面のようである。モリモン修道院やシトー修道院の修道院付属教会は，この図面と似た設計である。

する空間〕とその奥の長方形の後陣からなり，シンプルなラテン十字〔正十字の下の線がほかの3つより長い十字〕の形をしている。この簡素な建築様式は，フランス南東部のシルヴァカーヌ修道院のような修道院から，イギリスのファウンテンズ修道院のような巨大な修道院まで，どのような修道院の付属教会にも適用することができる。

シトー会芸術の簡素さは，建築材料にもあらわれている。しかし質の悪いものが使われることは決してなく，材料は入念に吟味される。最初の四子院のひとつであるポンティニー修道院で使われた非常に荒削りの柱頭の石は，あらゆる細工に適する上質な石灰岩が採掘される遠い採石場で切りだされたものである。

建設作業も，手抜きされることはない。石は完璧に積まれ，継ぎ目はきれいに整えられ，光が美しく反射するように表面が研磨される。シトー会建築では，壁から突きだして円柱のように見える部材が好んで使われた。これは材料の節約になるだけではなく，すでに基礎や土台の部分で狭くなっている内部空間を広げるという利点もあった。

シトー会修道士は抽象芸術の発案者だという見方があるが，彼らは具象的なデザインも一部だが重視していたことを忘れてはならない。また，12世紀にゴシック様式が採用されたことからわかるように，彼らは積極的に新しい様式をとりいれたが，時代遅れの様式も捨てなかったことに着目する必要があるだろう。たとえば葉形装飾の新しい柱頭を受けいれる一方で，それまでの立方体の柱頭や

↙クレルヴォー修道院長ベルナルドゥスの印章（1144年）――手に握られた，あるいはただたんに立てられた，シトー会修道院長の権威を象徴する牧杖（ぼくじょう）は，シトー会のシンボルとして，印章だけでなく，柱頭や墓石にも刻まれるようになった。

⇧1316年に亡くなった，プルイイ修道院（フランス中部）の院長の墓（版画）――雲のなかからさしだされた院長の手は牧杖を握っており，その牧杖は下端で，悪の力を象徴するふたつの怪物を貫いている。

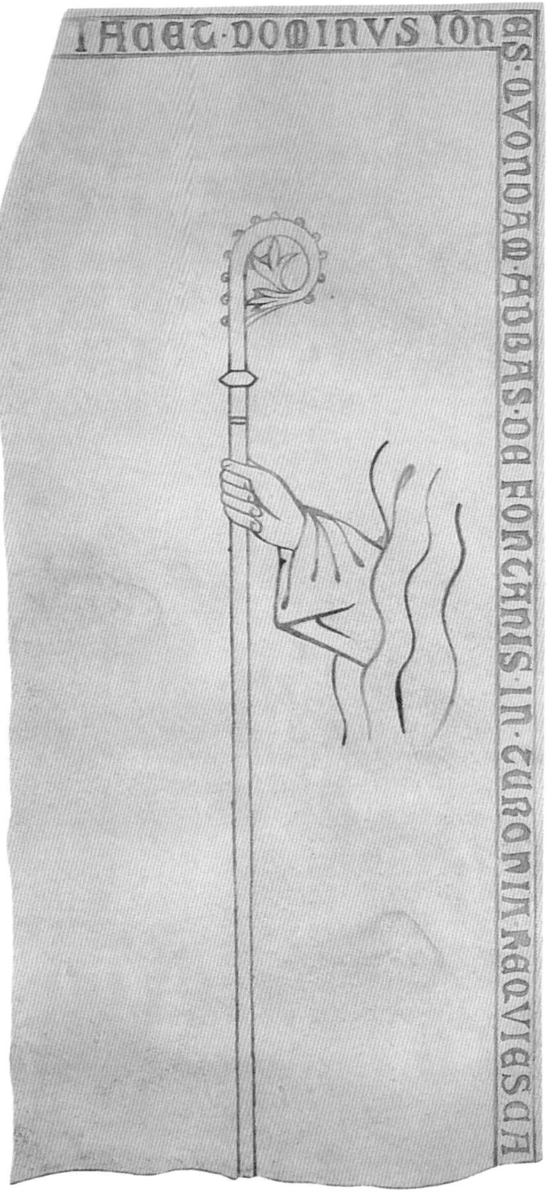

⇦ヴォー・ド・セルネー修道院（フランス北部）の院長の墓石の図面
⇧フランス東部のフォントネー修道院領の境界石
⇩プフォルタ修道院（ドイツ）の印章（版画）
——どの図面にも，牧杖または，牧杖を握る院長の手が描かれている。

⇦エーベルバッハ修道院（ドイツ）にあったステンドグラス――高い技法を駆使した組みあわせ模様に，非常に限られた地味な色調を見事に組みあわせた作品である。

⇩『ラインの図案集』所収の抽象模様の見本――このような見本をもとにして，さまざまな作品に幾何学的な図案がほどこされた。

丸ひだ装飾の柱頭も使いつづけている。

シトー会の装飾の多様さが，そのことを証明している。どれかひとつの様式が優遇されることなく，簡素という点で共通している多くの様式のなかから自由に選択される。たとえばドイツのアルンスブルク修道院付属教会の身廊には，ロマネスク様式やゴシック様式の非常にさまざまなタイプの柱頭が共存している。一時的な流行を無視したこれらの柱頭は，見た目は不均衡だが，そのなかの精神は統一性を保っている。

目録化された様式：あらかじめ用意された簡素な図案

オーストリアのライン修道院に保管されている『ラインの図案集』は，1220年ころにつくられた図案集で，彩色挿絵師，彫刻家，ステンドグラス職人，陶工など，さまざまな芸術家によって使われていたと思われる。このなかに掲載されている「抽象的な」モチーフをくりかえし使うことは，シトー会の一体性を力強く表現する手段なのである。シトー会の芸術モデルは短いあいだしか存続しなかったが，非常に重要な使命をはたしたといえる。

⇖リーヴォー修道院（イギリス）にあった舗装のモザイク

⇧オバジーヌ修道院（フランス中部）のステンドグラス

〔左頁右中〕ベーベンハウゼン修道院（ドイツ）にあった舗石

〔左頁右下〕ザンクト・ウルバン修道院（スイス）にあったテラコッタの模様——いずれも，シトー会の抽象芸術に属する作品である。

❖歴史や制度だけでなく，おそらく当時はありふれたものだったが，時代がくだるにつれて注目されるようになった「シトー会の遺産」についても，よく見ておく必要がある。自然や技術，建築に関してシトー会が残した教訓は，当初かえりみられることはなかったが，こんにちではその価値が高く評価されている。…………………………………………………

第4章

シトー会の遺産

〔左頁〕セナンク修道院（フランス南東部）の後陣の眺め。
⇨木を切るシトー会修道士（聖大グレゴリウス『ヨブ記注解』より）――シトー会の修道院は，風景，木々，岩石など，自然からの教訓を伝えつづけている。

シトー会は，西ヨーロッパのキリスト教世界で驚異的な発展をとげ，1152年には338の修道院をもつようになっていた。聖ベルナルドゥスは，1130年にテンプル騎士団〔聖地エルサレムへの巡礼者を保護するために設立された騎士修道会〕にあてて『新しい兵士団の讃美』を書き，1146年にフランス中部のヴェズレーでエルサレムへ向かう十字軍に説教しているが，エルサレムを中心とするパレスティナの土地にシトー会修道院を積極的に設立することは望んでいなかったようである。彼は，エルサレム王ボードゥアン1世が1000枚の金貨と一緒に寄進しようとした土地を拒み，プレモントレ会に譲渡するように勧めている。

聖ベルナルドゥスの死後も，パレスティナに建てられた修道院はごくわずかだった。ビザンティン帝国（東ローマ帝国）の首都コンスタンティノープルを攻略し，ラテン帝国をつくった第4回十字軍（1202～04年）には，シトー会の修道院長たちが積極的に参加した。しかしそのあとでさえ，1204年から76年までのあいだに，ラテン帝国全土でわずか12の修道院（そのうちふたつは女子修道院）しか設立されなかったのである。

16世紀にも，カトリック教会によるインドへの伝道が行なわれたとき，イエズス会，フランシスコ会，ドミニコ会，アウグスチノ会といった修道会は現地へ行ったが，シトー会は参加しなかった。

シトー会はヨーロッパ世界の建設に重要な役割をはたした。8世紀から15世紀にかけて，キリスト教徒がイベリア半島からイスラム勢力を追いはらうための戦いをしたとき，シトー会はスペインでカラトラバ騎士団とアルカンタラ騎士団（これらの騎士団はモリモン修道院の管理下に置かれた）を，ポ

⇧クレサック=シュル=シャラント教会（フランス西部）のテンプル騎士団員を描いた壁画（フランス文化財博物館にある複製）――テンプル騎士団は，戦士であり修道士でもある団員からなる騎士修道会である。聖ベルナルドゥスは，肉体と精神の両方と戦う騎士団員を激励した。

テンプル騎士団は14世紀に廃絶されたが，こんにちでもなお，テンプル騎士団が「西ヨーロッパのキリスト教国の守護者」であるという聖ベルナルドゥスの言葉を引きあいに出して，テンプル騎士団の流れをくむと自称する数多くの団体が存在する。

ルトガルでキリスト騎士団とアヴィシュ騎士団を設立して，戦闘に参加した。

また，中央ヨーロッパや東ヨーロッパでも，刀剣騎士団をバルト海沿岸のリボニア，エストニア，クルランドに，1222年以降はドブリン騎士団をポーランドのヴィスワ川対岸に送りこみ，それらの地域を無理やり改宗させた。

さらに12世紀以降，『愛の憲章』をもとにしたシトー会の統治制度が，ヨーロッパ各地の修道院を結びつけることになった。1215年の第4ラテラノ公会議では，すべての修道院にシトー会の統治制度を適用する決定がくだされた。

⇩シニョル『ヴェズレーで十字軍に説教する聖ベルナルドゥス』――フランス王ルイ7世の前で説教するこの聖ベルナルドゥスは，霊感をあたえられた預言者のように描かれている。19世紀のフランスで，彼は愛国者として崇敬された。

1545年から63年に開かれたトリエント公会議でも，この決定が再確認された。政治学者のなかには，ここに現代の多国間制度のさきがけを見るものもいる。

シトー会が建設した社会は，理念は変わらなかったが，実体は情勢によって変化した

1453年，ラテン帝国のあとに復興されたビザンティン帝国（東ローマ帝国）の首都コンスタンティノープルをオスマン帝国が陥落させた。このときを境に，強引な遠征によって東方に広がったシトー会の影響力は低下していった。

ハンガリーでも，国王ベーラ3世（在位1176～96年）とベーラ4世（在位1235～70年）の治世にシトー会は大発展をとげたが，1526年にハンガリー南部のモハーチで行なわれた戦いでハンガリー軍がオスマン帝国軍に敗れると，すべてのシトー会修道院は活動が停止され，建物は18世紀まで

⇦ターナー『ファウンテンズ修道院の眺め』（1798年ころ）——画家ターナーはイギリスのヨークシャーにあるファウンテンズ修道院の広大な廃墟を訪れて，この水彩画を描いた。未完の作品の中央にそびえているのは，聖フーベルトゥス塔である。

〔右頁上〕エラール『ヴォー・ド・セルネー教会の廃墟の眺め』（1852年）——壁が崩れ，ツタにおおわれている。ヴォー・ド・セルネー修道院（フランス北部）は，1791年以降，放置されたままだった。

パリ郊外の森のなかにサヴィニー会の最初の分院として1118年に設立されたヴォー・ド・セルネー修道院は，1147年にシトー会の傘下に入り，以後積極的に活動を行なった。第6代院長ギー・デ・ヴォー・ド・セルネーは，フランス出身のイギリスの貴族シモン・ド・モンフォールと共に，南フランスの異端派だったアルビ派と戦った。また1235年から47年までは，フランス王ルイ9世の友人だったマルリーの聖ティボーが修道院長を務めた。

ほかの用途に使われることになった。

16世紀の宗教改革によって，シトー会の影響力が弱まった地域もある。ドイツ，オランダ，北欧諸国の修道院は閉鎖され，イギリスとスコットランドの修道院は解体された。その結果，シトー会に属する共同体の多くが姿を消した。

フランスでは，1789年に起きたフランス革命によって，1790年2月に修道会が廃止され，その後，シトー会に属する施設は病院など一部をのぞいてすべて閉鎖された。

ヨーロッパにシトー会が建設した社会は，きちんと組織化された統治機構によって団結していたのではなく，同じひとつの理念をもとに新しい文化空間をつくっていた。

この文化空間は，初期のころから修道院の名称のなかにあらわれている。たとえば，1170年にフランス東部のラングルに設立されたボーリュ修道院と同じ名前の修道院が，イギリスのウィンチェスターや地中海のキプロスにも存在した。また，同じくフランス東部のラングルの修道院と，1157年にモリモン修道院の子院としてパレ

⇩ヴィクトル・ユゴー『ヴィレール修道院の食堂の眺め』(1862年)――作家ユゴーはベルギー旅行の際，ヴィレール修道院の廃墟を訪れて，その様子をデッサンした。

ビルドワス修道院の廃墟

ビルドワス修道院は，1147年にシトー会の傘下に入ったサヴィニー会の分院として，1135年にイギリスのシュロップシャーで設立された。修道院は1536年に閉鎖されたが，ロマネスク様式の付属教会の見事な廃墟が残った。

この絵は，マイケル・アンジェロ・ルーカーの水彩画『ビルドワス修道院付属教会の眺め』。丸ひだ装飾の巨大な柱頭がついた，太くて背の低い円柱が特徴的である。身廊だった場所には，干し草を積んだ荷車，ヤギの番人，火にあたる浮浪者たちが描かれ，廃墟の画家と呼ばれたフランスの風景画家ユベール・ロベールの作品のような，おもむきのある絵になっている。

ハイステルバッハ修道院の廃墟

奇跡物語の著者として知られるカエサリウスが，1180年から1245年まで過ごしたドイツのハイステルバッハ修道院は，閉鎖されて6年後の1809年にとりこわされた。のちにズルピツ・ボワスレーによって修復されるまで，この修道院の廃墟はロマン主義の画家や版画家たちにとって，格好の題材となった。

左は，カール・ゲオルク・ハーゼンプフルーク（1802～58年）の油彩画『ハイステルバッハ修道院の眺め』（1840年ころ）。非常に絵になる構図の精彩に富んだ絵画だが，空想を排した非常に正確な作品である。背景に見えるのは，付属教会の内陣。この作品は大人気となり，数々の複製や，ウィルヘルム・シュトイアーヴァルトが逆遠近法〔自然な視覚とは逆に，手前のものを小さく，遠くのものを大きく描く技法〕で描いた作品によって広まった。

スティナのトリポリ伯国に設立された修道院は，共にベルモンという名前である。さらに，フランス東部のブザンソン，フランス西部のサント，ウェールズのランダフには，グラース＝ディユという名前の修道院があった。

修道院名が少し違っても，言語が異なるだけで共通の起源をもつものも多く存在する。クレルヴォーとキアラヴァッレ，モリモンとモリモンド，ヴァルボンヌとヴァルブエナ，ボンヌヴァルとボナヴァルなどである。

シトー会が建設したヨーロッパ社会の広がりは，建築と造形芸術の面からもあきらかである。「ベルナルドゥス様式」による設計やゴシック様式の技術もそうだが，それ以上に，相当の数の同じような装飾やモチーフが，ヨーロッパ各地で見られることは注目に値する。

自然を制する

長いあいだ，シトー会修道士は近代ヨーロッパの農村を開発した功績者として認められてきた。彼らは開拓者として，フランス北西部のブルターニュからイタリアのエルバ島まで，北欧諸国からスペイン南部のアンダルシアまで，深い森を切りひらいてきた。また経験豊かな水力技師として，川を効果的に利用し，沼地を干拓した。さらには輪作の先駆者として，穀物の収益を大幅にあげたり，ブドウ栽培者や家畜飼育者

⇧ノワルラック修道院(フランス中部，左上）とオルヴァル修道院（ベルギー，右上）にある，壁から突きだした似たような部材——右中と右下は，フォントネー修道院（フランス東部）とアルンスブルク修道院（ドイツ）の舗装の，同じような幾何学模様のタイル。

として，有名なブドウの品種を決定したり，すぐれた家畜の品種を選別した。

彼らを熱狂的に讃美した時代のあとには，批判の時代がやってきた。歴史家たちは，シトー会修道士が農村ではたした役割に大きな疑問を呈したり，せいぜい彼らの管理能力や根気強さを評価する程度になった。彼らはシトー会修道士を，発明者ではなく，ただの開拓者か，ひどい場合は搾取者とみなした。

しかし重要なことは，ヨーロッパの農村にはいたるところにシトー会の業績の痕跡が残されているという事実である。森のなかには12世紀にシトー会修道士が切りひらいた土地がいまなお広がり，養魚池だった池や牧場に水を引くための水路の跡が見られる。あちらこちらに，羊小屋，貯蔵庫，水車小屋や風車小屋，大きな穀倉なども建っている。

シトー会の功績を過小評価しすぎると，このように目に見える大きな影響力まで無視してしまうことになる。大切なのは，シトー会修道士が最初の発明者だったのか，あるいは彼らがもっともすぐれた発明者だったのかを知ることではない。そうではなく，どのようにして彼らがそうした模範的なモデルを形成できたかを検討することである。そうすれば，きちんと研究されることなくわれわれの目の前で消えていく，この農村の遺産を守ることにもつながるだろう。

⇧フォーレ教会（スウェーデン，ゴットランド島）の扉のちょうつがいの一部（左上）と，ポンティニー修道院（フランス東部）の付属教会の扉（右上）――スウェーデンのブロ，ダレヘム，ロクルム，ケルンゲ，マルテボ，ティンステードの教会のちょうつがいも，ポンティニー修道院の扉の模様を手本としている。

1164年にゴットランド島のローマにシトー会修道院が建てられたとき，北欧建築の伝統的な金具の形に外国からもたらされた模様が使われ，その後定着した。

⇧エラール『モービュイッソン修道院の穀倉の断面図』（1852年）――フランス北部のモービュイッソン修道院は，フランス王ルイ8世の妃ブランシュ・ド・カスティーユによって1241年に設立された。この修道院の穀倉は，南北に長い長方形で，荷鞍型の屋根が乗っている。内部は3つの空間にわかれ，8本ずつ2列に並ぶ柱とそのあいだにつくられた壁で，骨組みに加わる力を軽くしている。

フランス革命後，この見事な建物の東側は失われたが，下の横断面図では，その部分も復元されている。

シトー会の穀倉と貯蔵庫：過去の「モデル農場」

1248年に，フランス北部のシャーリス修道院が所有するヴォロランのグランギア（付属農場）は，きちんと輪作用に区分けされた380ヘクタールの耕地をもっていた。このグランギアの穀倉の貯蔵容量は約6000立方メートルあり，専門家によれば，3500立方メートルの麦の束，つまり1回の収穫量に相当する約2000キンタル〔1キンタルは100キログラム〕の収穫物が保存されていたという。この穀倉の3つの内部空間からなる構造も，大きさも，ほかと比べて並はずれたものではない。19世紀初頭に東の部分を失ったモービュイッソン修道院（フランス北部）の穀倉は，さらに巨大である。

シトー会の堂々たる穀倉（家畜を収容するなど，ほかのさまざまな用途にも使われた）は，同時代のプレモントレ会やテンプル騎士団の穀倉，伝統的なベネディクト会の小さな穀倉，世俗の領主や教会が所有する穀倉とくらべても，奇をてらったものではなかった。シトー会の穀倉が模範となったのは，網の目のように各地に点在し，実用的な構造で，保存状態のよい遺構が数多く残されたためである。

シトー会の貯蔵庫も，穀倉と事情は同じである。建築そのものに奇抜さはないが，

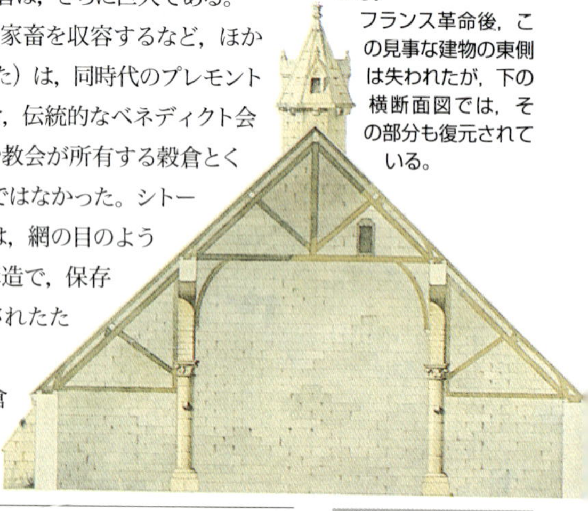

⇧エーベルバッハ修道院（ドイツ）の貯蔵庫——1200年ころつくられた，エーベルバッハ修道院の助修士のための大きな建物（長さ93メートル）の南の部分に，長さ16メートル以上の貯蔵庫がある。貯蔵庫の内部はふたつの空間にわかれており，巨大な柱のあいだの区画が7つある。

この巨大な柱は，アーチ形天井の横断アーチと壁付きアーチを支えている。この貯蔵庫には，昔の圧搾機や樽が展示されている

ブドウ栽培とワイン醸造で有名な地方につくられた貯蔵庫のなかには，当時の設備を残したまま現存するものも多い。たとえばドイツのエーベルバッハ修道院，フランス東部ブルゴーニュ地方のクロ・ド・ヴージョやラ・ビュシエール修道院の貯蔵庫があげられる。それらは，中世のワイン醸造に関する情報をわれわれにもたらしてくれる。

ビール醸造に関する貯蔵庫もあり，一般的に上階が材料の大麦やホップを置く場所で，1階が作業所となっている。クレルヴォー修道院のディジョンにある貯蔵庫も，用途は異なるが似たような構造をしている。

根気よく水路をつくる

すぐに目につく主要な建物である穀倉と貯蔵庫だけが，シトー会の業績の痕跡ではない。大規模な水利工事も，修道院の環境を整備するために重要な作業で，こんにちもその跡が残されている。聖ベネディクトゥスの戒律に従って生活するなら，修道士の食事の重要な食物のひとつに魚があげられる。そのため，修道院のそばに養魚池やいけすを設置することが重視された。

イギリスのボーデスリー修道院，フランス北部のシャーリス修道院，ドイツのマウルブロン修道院で考古学者たちが行なった調査の結果，シトー会の水利技術は非常に高かったことが判明している。

水利技術の高さについて語るとき，一般的にはデンマークのソロ修道院の修道士たちが，アンダース・スネソン大司教（1228年没）の助成のもと，修道院の敷地を見おろす湖から水を引くためにつくった水路のことが引きあいに出される。しかしドイツのマリア・ラーハ修道院では，12世紀にベネディクト会修道士たちが，火口湖の水位を下げるために地下道を掘るという偉業をなしとげている。

シトー会の水利技術の特徴は，さまざまな地形の場所でそれぞれに適した手段を用いた点にある。シトー修道院では，3ブルゴーニュ・リュー〔約18キロメートル〕以上も離れた場所から修道院に引かれた水路があり，土地の起伏に沿って曲がりくねり，途中の川を超えるために橋もつくられていた。フランス中部のオバジーヌ修道院では，断崖の側面に掘ら

⇦オバジーヌ修道院（フランス中部）の水路——険しい峡谷の側面の岩場に掘られた水路によって，修道院に水が供給された。

⇩魚を釣る修道士（オーストリアのハイリゲンクロイツ修道院図書館に保管されている13世紀の詩編集より）——修道院の近くにあった養魚池で，修道士たちは魚を養殖した。左は，修道士のほぼ毎日の仕事である魚釣りの様子が装飾として描かれた頭文字「D」

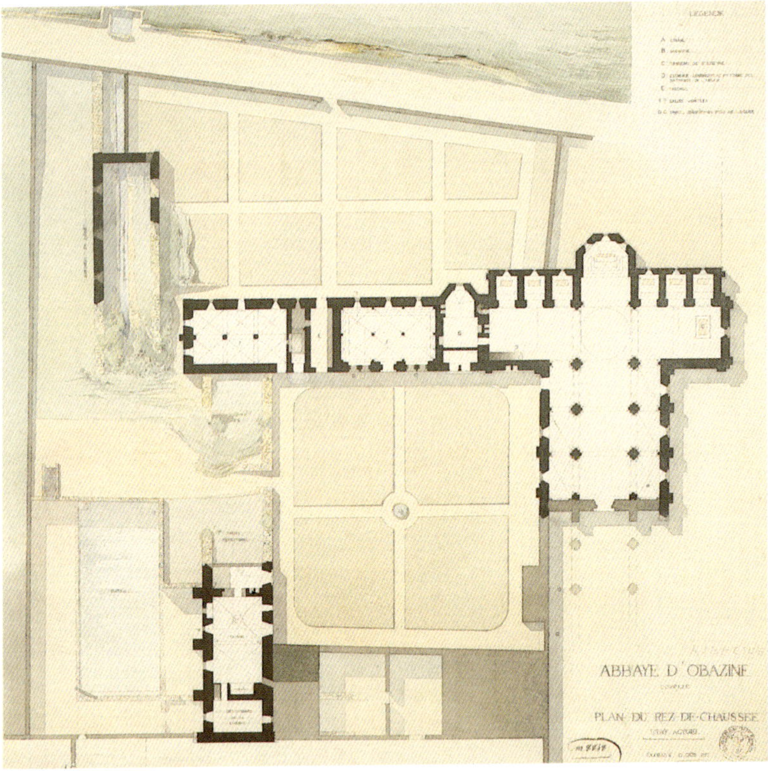

⇧『オバジーヌ修道院の図面』（1879年）——修道院の建物の北に，長方形の巨大な養魚池があった。オバジーヌ修道院では，すでに修道院の設立時から，水を効率的に使うための水路の配置がうまく考えられていたが，その後も改良がつづけられた。

れた水路が水を1700メートル運び，修道院の北の土地で広い養魚池に注ぎこみ，そのあと3つの水車を動かしていた。もっと地形的に有利なフランス東部のフォントネー修道院では，湿気の多いふたつの谷から流れこむ水を引きいれていた。

水の利用は，地形に大きく左右された。ヴォーセル修道院のようにフランドル〔ベルギー西部からフランス北部の地域〕の干拓地に建てられた修道院，フランスのユルメ修道院やフランス中部のノワルラック修道院のように沼地に建てられた修道院は，フランス南東部のヴァルクロワッサン修道院のように山地に建てられた修道院よりも，ずっと楽に水を利用できたものと思われる。

また，13世紀にフランス南東部のブルジェ湖畔に設立されたオートコンブ修道院には，水を利用した見事な貯蔵庫がある。長さ30メートル，幅12メートルのこの貯蔵庫は，1階が船着き場で，上階が穀物の貯蔵室になっているのである。

技術を制する

技術に関するシトー会の模範性についても，数多くの論争が起きている。たしかにシトー会修道士は現代的な意味での発明者ではなかった。鍛造用のドロップハンマーはシトー会修道士が 発明したとされるが，その証拠は存在しない。しかし，彼らがいちはやく原料やエネルギー源に関心を示し，技術を効果的に活用しようとした人びとだったことは確かだ。

シトー会修道院は非常に早い時期から，修道院近辺やグランギアに，水車小屋や風車小屋を所有していた。たいていは水車小屋で，13世紀のフランス東部ブルゴーニュ地方では，どの修道院にも平均して10の，ベルヴォー修道院やシェールリュ修道院といった大きな修道院（おそらくシトー修道院も）にはその倍の数の水車小屋があった。

1230年以降，スペインのポブレー修道院はフランコリ川上流地域の水車小屋を独占しようと試み，1243年に成功したが，土地の住民の恨みを買った。同じころ,ドイツのラインフェルト修道院やドベラン修道院も，修道院を中心にかなり広い範囲に存在

⇧フランス北部のサントメールからブランデック修道院を流れるアー川を描いた水彩画（1460年ころ）――小さな川の流れのエネルギーを十分に活用しているブランデック修道院の水車小屋が，大きな存在感をもって描かれている。

⇦テル・ドゥースト修道院（ベルギー）にあったヴァンサン・ド・ボーヴェの『諸学の鑑』の欄外に描かれた風車小屋――この風車小屋には，シトー会のものであるという特徴は少しも見られない。しかし土地の低いフランドル〔ベルギー西部からフランス北部の地域〕で，シトー会修道士が風力をひんぱんに利用していたことをうかがわせる。

した水車小屋や風車小屋をすべて購入している。

水車小屋や風車小屋の性質や機能について，残念ながら文献では詳しく説明されていない。しかし，修道院で行なわれていた仕事の多くで，水車小屋や風車小屋が利用されていた。小麦をひいて粉をつくる，オリーヴやクルミをしぼって油をとるなどといった農業関係の仕事はもちろんのこと，毛織物を圧縮するなどの工業関係の仕事にも使われた。

⇧クニャゲの水車小屋（フランス南部）――巡礼者の絶えない聖母マリア信仰の聖地ロカマドゥールから近い場所に，12世紀から13世紀にかけて，オバジーヌ修道院はいくつもの貯蔵庫をつくった。この水車小屋は，そのひとつである。

毛織物の圧縮は非常に重要な仕事だった。1270年の会計簿によると，イギリスのボーリュ修道院では，58人の修道士，7人の修練士，68人の助修士の衣類をつくるために5.5袋の羊毛が使われている。1袋は馬1頭が運搬できる重さで，364リーヴル〔1リーヴルはイギリスでは約450グラム〕にあたり，約200頭分の羊毛に相当した。このことから考えると，5.5袋というのはかなりの量に思えるが，余剰分として売却された量と比較すれば，それでもかなり少ない。同じ年に，ボーリュ修道院は17.5袋の羊毛を売りに出している。1276年には，同じくイギリスのファウンテンズ修道院が60袋の羊毛を，イタリア・フィレンツェの市場に売却している。

シトー会修道院では，当時知られていた技術のほとんどを使って，さまざまな仕事が行なわれていた。しかし，すべての分野で完成度の高いものがつくられていたわけではない。すぐれた仕事と，そうでないものは，区別して考える必要がある。また，シトー会が市場を独占していた品物が，必ずしも先端技術を用いたものではなかったことにも，注意する必要がある。

オーストリア，ドイツ，ポーランド，フランス東部のブルゴーニュ地方やフランシュ＝コンテ地方の修道院で製塩された岩塩は，市場で圧倒的な比率をしめていたと考えられるが，製造技術の向上が図られたわけではなかった。同じように，英仏海峡沿岸，大西洋沿岸，地中海沿岸，アドリア海沿岸の修道院で製塩された海塩も，型にはまった伝統的な技術で製造されつづけた。

製鉄：先端技術

ドイツのヴァルケンリート修道院は，ドイツとチェコの国境となっているエルツ山脈の豊富な鉱物を元手に，経済的な成功を収めた。しかしここでは経済的な成功ではなく，製鉄にまつわるシトー会の総合的な成功について見ることにする。

シトー会の製鉄技術は，独創的で革新的だった。非常に早い時期からシトー会修道院で製鉄が行なわれるようになったのは，修道院領のシステムが製鉄という作業に完全に適合していたからだと思われる。原始的な製鉄技術にとって必要なものは，採掘できる鉱石，薪を供給する森，豊富な水，すぐに使える労働力である。これらのすべてを，シトー会修道院は備えていた。

フランス東部のブルゴーニュ地方と北部のシャンパーニュ地方を調査した結果，1140年から1225年にかけて，修道院の多くが寄進によって鉱山を手に入れたことが判明した（それらの鉱山の多くが修道院領の中心地に位置していることから，おそらく修道院側が寄進をもちかけたと考えられる）。

同じころ，フランスのモリモン修道院，シトー修道院，ロ

⇧ウルスカン修道院（フランス北部）にあった鉄製の格子（13世紀）――現在はフランス西部ルーアンのル・セック・デ・トゥルネル博物館が所蔵する，この格子の見事な透かし細工は，同時代のシトー会写本の文字の彩色装飾に通じる優雅さがある。

〔右頁下〕フォントネー修道院の製鉄所――鉱脈にごく近い場所に建てられたこの製鉄所は，修道院の敷地内にある。非常に早い時期につくられた，専門特化された工場である。

ンゲイ修道院，ラ・クレート修道院も鉱山開発をはじめた。クレルヴォー修道院，ポンティニー修道院，ラ・ビュシエール修道院も，購入あるいは採掘契約によって，14世紀まで製鉄業を営んだ。採掘された鉱石は，修道院の敷地外の特別な作業所で製鉄されることもあれば（たとえば，シトー修道院が1165年から82年にかけてラ・フォルジョットに建設した製鉄所があげられる），フォントネー修道院が12世紀につくったもののように，修道院の敷地内に置かれた作業所で製鉄されることもあった。

⇧フォントネーの横坑——フォントネー修道院のすぐそばのレ・ミュニエール台地では，鉄鉱石が露出している。非常に豊かだった鉱脈は，修道院によって，すっかり採掘された。

フォントネー修道院のすぐ近くにある鉱山では，小さな坑道がたくさん掘られた。狭い坑道を通ると，豊かな鉱脈（鉄の含有量が45パーセントに達するものも存在した）があった。採掘された鉱石は，修道院の敷地内という便利な場所にある製鉄所に運ばれ，火と水を使って，労力をかけて鉄材がつくられた。助修士たちは，フォントネーの森で薪を集めたり，豚を放牧するかたわら，鉱石を採掘していた。ここでは，製鉄という工業が，生態系の微妙なバランスをくずすことなく，営まれていたように思われる。

このほとんど牧歌的な情景は，現代の環境保護論者たちが求めているものによく似てい

る。しかし，シトー会修道院領のシステムが危機に陥ると，製鉄業もすぐに衰退した。ブルゴーニュ地方とシャンパーニュ地方では，早くも1335年からかげりが見えはじめた。15世紀末には，溶鉱炉の出現に代表される技術革新が起きたこともあり，多くの修道院が製鉄業から撤退した。クレルヴォー修道院やベルギーのオルヴァル修道院など，わずかな修道院は新しい技術をとりいれて，事業を継続した。

建築を制する

建築は，中世初の，そしておそらく唯一の工業といわれてきた。建築の分野でシトー会修道院が行なったことからも，この説は妥当だと思われる。しかし，シトー会の例ですべてが説明できるわけではない。理論と実際のあいだ，夢と現実のあいだにある境界は，とくにこの分野でははっきり線引きされていないからである。

そういうわけで，シトー会修道院が制してきたほかのさまざまな技術と建築が，完全に結びついているはずだという現代的な見方が一般的になっている。ところが実例を見れば，必ずしもそのような見方をすることはできないのである。たとえば，フランス南部のヴァルマーニュ修道院や北部のウルスカン修道院では先端技術によって見事な鉄製品がつくられていたが，修道院の建物自体に鉄材は使われていない。シトー会修道院が斬新な材料を使って建設しようとした痕跡はあるが，結局はありふれた材料が選ばれたのである。

なかでもシトー会の建築をもっとも特徴づける材料は，鉄でもなく，石でもなく，木（木材の利用については文献が非常に乏しい）でもなく，土。つまり，土でつくられた瓦，レンガ，舗装材である。

⇧ディティリエート修道院（イタリア）の教会（上）と開口部（下）——この修道院の建物はレンガで建てられ，石はアーチの頂上の要石（かなめいし）や，壁の角を補強するなど，補助的な材料として使われているだけである。

シトー会の謙遜のモットーにふさわしい材料である土

早くも12世紀から，シトー会修道士は土を特別なものと考えていたようである。シトー修道院の最初の四子院（しいん）のひとつであるラ・フェルテ修道院の子院で，1120年にイタリアにはじめて設立されたシトー会修道院であるサンタ・マリア・ディティリエート修道院は，レンガでできている。また，手で彫刻された厚みのあるタイルは，まずはじめに，フランスのシトー修道院やラ・ベニソン＝ディユ修道院の付属教会の舗装として敷かれた。スイスのボンモン修道院，ベルギーのレ・デューヌ修道院，フランス東部のフォントネー修道院やポンティニー修道院の舗装のタイルも，技術的にはよく似ている。

1205年の総会では，付属教会の舗装のタイルが「軽薄」で「過剰」で「奇妙なたぐい」のもので，シトー会の清貧の原則を軽視しているという理由で，ポンティニー修道院長が非難された。このことから，13世紀には

⇩瓦製造のための炉（13世紀）――フランス北部のシャーリス修道院が所有していたコメルの瓦工場の炉。当時の炉のなかでもとくに見事だったこの炉は，1867年に「死者の記念塔」とまちがえられて保護の対象となった。

一般的となっていた具象的なモチーフのタイルが，シトー会建築でもすでに使われていたことがわかる。

専門家たちはそれらのタイルがどこでつくられたかという最終的な結論はくだしていないが，おそらく修道院領の外でつくられたと考えている。古い土地台帳に，「ラ・グレジエール〔粘土採取場〕」「ラ・チュイルリー〔瓦工場〕」「ラ・ブリクトゥリ〔レンガ工場〕」といった地名が多く見られることからは，その考えはまちがいのようだが，その一方で，中世の瓦工場の炉の遺構はほとんど現存しないのである。

瓦やレンガは流れ作業によって製造されていたようだが，それは，おもに屋根と舗装に使われるため，統一された形のものをつくる必要があったからだと思われる。シトー会の建築物は，その材料のすべてを修道院領内でまかなうことができたわけではない。なぜなら，一般的に修道院の中心となる一連の建物は，修道院領内で製品の生産体制が整う以前に建てられたからである。

シトー会修道士は，修道院を自分たちで建設したのか

数多くの研究によって，シトー会の大規模な建設現場では，13世紀に賃金労働者が働いていたことがわかっている（モリモン修道院では，すでに12世紀末から労働者が雇われていた）。そのため，シトー会修道士がみずから建設作業を行なったとしても，それは「素人仕事」の域を出なかったという説がよくとなえられている。しかしシトー会に，建築の専門家といってよい修道士が存在したことはたしかなのである。

12世紀の年代記作者オルデリクス・ヴィタリスは，シトー会修道士が「自分たちの修道院を荒野や木の多い場所にみずからの手で建てた」といっている。またほかの文献によれば，クレルヴォー修道院の修練長〔修道誓願を立てるまえの見習い修道士を指導する修道士〕アシャールは，ドイツのヒンメロート修道院を建て，聖ベルナルドゥスによって派遣され

〔右頁〕『マウルブロン修道院の建設』（1450年ころ，部分）――1147年にドイツのマウルブロン修道院の建設がはじまり，修道院の年代記によると，80年間助修士が代々工事監督を務めた。

この絵には，修道院の建設工事の理想化された姿が描かれている。それぞれの仕事に励む6人のうち，手前の修道士は手斧を使って台の上で骨組みの部品を組みたてている。中央の左の修道士はモルタルを練り，右の修道士は石材を切っている。奥では，ひとりの修道士が回し車をまわすリスのように巻き上げ機のドラムをまわしている。このドラムは，「苦行の輪」と呼ばれることもあった。

たエネ修道院のジェフロワは，イギリスのファウンテンズ修道院とフランス北部のクレールマレ修道院の図面を引いた。

もう少しあとの時代の文献によれば，ドイツのマリエンフェルト修道院には，1248年にハインリヒという名前の工事監督修道士がいた。同じくドイツのドベラン修道院では，1243年から98年まで，ローター，ジーゲボード，ルドルフ，ハインリヒという名前の4人の修道士が代々工事監督を務めている。さらに，ドイツのゲオルゲンタール修道院，ロックム修道院，レーニン修道院，エルデナ修道院，リリエンフェルト修道院，プフォルタ修道院，ベーベンハウゼン修道院，イタリアのサン・ガルガノ修道院にも，修道士の工事監督がいた

⇧『シェーナウ修道院の建設』（1600年ころ）——左奥では，助修士たちが採石場で巨大な石の塊を切りだしている。その石は前方の建設現場に運ばれて，小さく切断され，建設中の塔の上にクレーンでもちあげられる。手前で小川の上に架けられた板を渡ろうとしている，ものさしと直角定規をもった人物が工事監督。彼は，小川のそばでひょうたんから水を飲んでいる助修士に目をやっている。

ことがわかっている。

また，建設現場に派遣された修道士や助修士のことが記載された文献もある。1145年に聖ベルナルドゥスは，フランス西部のペルセーニュ修道院を設立したアランソン伯ギヨームのもとに，修道院の建設を手伝うため，エラール修道院長を筆頭に，12人の修道士，ふたりの修練士，21人の助修士を送った。聖ベルナルドゥスは1147年にも，ローラン修道院長を筆頭に，12人の修道士と５人の助修士をベルギーのヴィレール修道院にさしむけている。

そのほかにも，ドイツのヴァルケンリート修道院やエーブラッハ修道院，オーストリアのヴィクトリング修道院など，ドイツ文化圏の一部の修道院で，助修士が建築作業にたずさわっていたことを記した文献がある。もう少しあとの資料では，実際にあったことより作り話に近い内容が含まれているものもある。たとえば，16世紀後半にドイツのシェーナウ修道院の建設の様子を描いた10枚のデッサンのうち，２枚がそれに相当する。

建築の分野におけるシトー会の専門技術は，非常に早くから知られていた。すでに1157年から，総会の議決では，建築技術をもつ修道士や助修士を，世俗の建築物を建てるために派遣することが禁じられていた。その規則を破ったフランス北部のボルベック修道院長は，1210年に厳しく罰せられている。1224年には，神聖ローマ皇帝フリードリヒ２世が城の改修のためにシトー会の助修士の派遣を求めたが，許可されなかった。

シトー会の建築は，建物を注文し，設計し，実際に建てるのが，すべて修道院の人間だという点に大きな特徴がある。これ以外の特徴はとるにたりないことのように思われるが，いくつかの点については指摘しておかなければならない。

まず，「計画」と「モデル」の概念の違いについてである。

⇩『シェーナウ修道院の建設』(1600年ころ)――修道院は，ほとんど完成している。手前の左側で石を運んでいる人物は，聖ヒルデグンデ。彼女は女性だったが，性別を隠して修練士としてシェーナウ修道院に入り，そこで亡くなった。この絵では，彼女の加護によって修道院の建設が成功したことが描かれている。

シトー会の建築に「決まった型の図面」があると主張する人びとは，このふたつの概念を混同していることが多い。たしかにシトー会の建築には「計画」が存在する。しかし，その計画はそもそも変更されることを前提としているのである。

オランダのアドゥアルト修道院は，クレルヴォー修道院とそっくりだが（1124年に院長のヴィグボルトが，それを希望したとされている），これはきわめて例外的なケースだと思われる。一般的に，シトー会の修道院の建物は，場所によって大きさが異なり，機能でさえ違うこともある。たとえば，ある修道院では製鉄所である建物が，別の修道院では病舎になったり，穀倉になったりする。

また，「様式」という概念も排除されている。12世紀には，時代遅れのものから前衛的なものまで，さまざまな形の建築が流行してはすたれたが，そのような一時的流行をシトー会は意に介さなかった。シトー会の建築は，形の美しさとはまったく別の次元の美学にもとづいている。このシトー会の美学は厳格さと簡素さが重視された聖ベルナルドゥスの時代のものだが，のちの時代にも，たとえば13世紀にはデンマークのエスター修道院で，1294年から1368年にはドイツのドベラン修道院で，それぞれベルナルドゥスの理想を完璧に体現した付属教会が建てられている。

さらにシトー会の建築では，それぞれの地域の伝統に合わせた材料や技術が用いられている。たとえばドイツのベーベンハウゼン修道院では木造の骨組みが，フランス南東部のラ・ベニソン＝ディユ修道院では石が使われている。

⇩『シェーナウ修道院の建設』（1600年ころ）――この一連のペン画（⇨p.96, 97）は，シェーナウ修道院の後援者だった皇帝や国王や伯爵たちに献上された。

下の絵のなかで，塀でかこまれた敷地内には，石材と木造の骨組みが共存しているのがわかる。この修道院の外観は，中世末に改築されたドイツのマウルブロン修道院やベーベンハウゼン修道院とよく似ている。

⇧エラール『モービュイッソン修道院の手洗いの断面図』（1852年）――非常に広い空間の手洗いである。

シトー会の建築は生活を重視し，肉体をもつ人間にとって必要なものを気高く表現した

フランス北部のウルスカン修道院の病舎は非常に大きな部屋で，モービュイッソン修道院の手洗いの天井は先端がとがったアーチ形の広い空間となっている。いずれも，非常に並はずれた建築物といえるだろう。

また，病舎や手洗いと同じく人間の生活に必要なものである水路は，シトー会の建築のなかで特別な配慮がなされている。ドイツのオッターベルク修道院では，付属教会の床の下に水路があることを告げる文字が，ラテン語と俗語で刻まれている。ポルトガルのアルコバサ修道院ではより大胆で現代的に，水路を意味する「AQUE DUCTUS」という文字の下に2本の人さし指が彫刻されて，たとえば水漏れがあって修理しなければならないとき，正確な水路の場所がすぐにわかるようになっている。

⇧アルコバサ修道院（ポルトガル）の「水路」の文字――メンテナンスや修理をする人にわかりやすいよう，彫刻された2本の人さし指で，水路の場所が示されている。

シトー会の理念や夢といった高尚なこととくらべれば，これらはすべて俗っぽくつまらないことに思えるかもしれない。しかし実際には，精神的な完成と永遠の救いの道を求めて生きる修道士たちも，肉体をもつ人間として日常生活を送るのだという事実がシトー会で尊重されていたことを知ることは，大きな意味があるだろう。

〔次頁〕ル・トロネ修道院（フランス南部）の修道院付属教会の内陣

資料篇

孤独と清貧を求めて

1 シトー会の起源

シトー会では，修道会の創設当初にふたつの基本文書が作成された。まず非常に簡素な様式の『創立小史』は，シトー会の初期の出来事を記した歴史書である。

一方，法律的な性格と共に強い精神性を兼ねそなえた『愛の憲章』は，いわばシトー会の憲法といえる。

⇧木を切るシトー会修道士（部分）

『創立小史』第3章

こののち，このような非常に高い権威からの支持を得た前述の修道院長とその仲間は，モレームに戻り，修道院で生活する兄弟たちのなかから，戒律を守ることに熱心な人びとを選んだ。その結果，リヨンのローマ教皇大使と面会したものに，修道院で召集されたものを加えて，合計で21人となった。

こうして補強された修道士の一団は，シトーと呼ばれていた人里離れた場所に勇ましく向かった。そこはシャロン司教区内にあり，当時は森やいばらでおおわれていて，人もめったに近づくことがなく，野生動物しか住んでいなかった。

神に仕える人びとは，その地に到着すると，世俗の人びとが軽んじて近づくことのないその場所が，長いあいだ心のなかで求めていた修道生活に適した場所であることがわかった。

彼らは森を切りひらき，いばらをとりのぞいたあと，シャロン司教の好意的な同意と領主の承諾を得て，そこに修道院を建てはじめた。なぜならこの人びとは，以前モレームにいたとき，神の恵みによって，修道士たちの父である聖ベネディクトゥスの戒律の違反についてたびたび話しあっていたからである。

彼らは自分たちやほかの修道士たちが，修道誓願によってこの戒律を守ることを約束したのに，その約束を守っていないこと，そして偽りの誓いの罪であることを承知の上で，その罪を犯している様子を見て，嘆き悲しんでいた。

そういうわけで，すでにのべたとおり，ローマ教皇大使の権威のもと，聖なる戒律を守ることで誓願に対して完全に忠実であるために，彼らはこの人里離れた場所にやってきた。

彼らの熱意を喜んだブルゴーニュ公ウードは，聖なるローマ教会の大使の手紙による要請にこたえて，彼らが建てはじめた木造の修道院の建設をみずからの費用で完成させた。またブルゴーニュ公は，長期間にわたってこの修道院が必要とするすべてのものを提供し，彼らが生活を維持できるよう，たくさんの土地や家畜もあたえた。

第4章

同じころ，すでにここに来ていた修道院長は，ローマ教皇大使の命令によって，この教区の司教から，修道士たちの管理権と司牧の杖を受けとった。そして自分と共にやってきた兄弟たちを，戒律に従って，この地に定住させた。こうしてこの教会は発展し，教皇庁の権威によって，教会法上の大修道院に昇格した。

第15章11～12節

そこで彼らは，司教の許可を得た上で，ひげを生やした一般信徒の助修士を受けいれ，生存中も死後も，修道士としての身分はのぞいて，彼らを自分たちと同じようにあつかうこと，また賃金労働者を雇いいれることを決定した。なぜなら，彼らの助けがなければ，戒律の掟を日夜完全に守ることはできないと考えたからである。

さらに，居住地から遠い場所で，土地，ブドウ畑，牧場，森，河川（専用の水車をつくったり，魚を釣るため），馬や人間が必要とすることに役だつさまざまな家畜の寄贈を受けいれることにした。そして，あちらこちらに農業用施設をつくり，それらの施設の管理には修道士ではなく助修士があたることを決定した。なぜなら，戒律によれば修道士たちの住居は，修道院の敷地内になければならなかったからである。

『創立小史』

シトー会の修道院が発展しはじめる前，修道院長ステファヌスとその兄弟たちは，以下の事を決定した。シトー修道院とそこから生まれた修道院とのあいだで作成され承認された決議書に，司教が確認し同意するまでは，どのような方法であっても，どの司教区でも，修道院を設立してはならない。これは司教と修道士たちとのあいだの衝突を避けるためである。

『愛の憲章』序文

そういうわけで，この決議書のなかで前述の兄弟たちは，相互の平和が将来において破滅することのないよう，以下のことをあきらかにし，規定し，後継者たちに伝えた。つまり，修道士たちは各地方のさまざまな場所にある修道院ごとに肉体的には分散されているが，どのような友好関係によって，どのような生活様式によって，というよりもむしろどのような愛によって，魂でかたく結びついているかということである。

また彼らは，この決議書に「愛の憲章」という名称をつけるべきだと考えた。なぜなら，その内容がすべての物質的債務の負担を排除し，神に関することについても人間に関することについても，ただ愛と魂の利益だけを追求するものだからである。

『愛の憲章』序文
『シトー会初期文書集』所収

同時代人による記録も，いくつか存在する。たとえば1075年イングランドに生まれた年代記作者オルデリクス・ヴィタリスは，フランス北部ノルマンディー地方のサンテヴルー修道院のベネディクト修道士で，彼は1134〜35年ころに著書『教会史』のなかで，シトー会の創設に関する有名な文章を書いている。

フランス王フィリップの時代，尊敬すべき修道院長ロベールは，（モレームで）修道院を設立した。聖霊の恵みによって，彼はそこに深い信仰心をもった弟子たちを集め，さまざまな修道院のしきたりに従い，美徳と清貧を探求しながら，彼らをやさしく教育した。数年後,彼は聖ベネディクトゥスの戒律を非常に注意深く研究し，ほかの聖人たちの文書も調べたあと，修道士たちを集めてこういった。

「親愛なる兄弟たち。われわれは聖ベネディクトゥスの戒律に従って誓願を立てた。しかし，われわれはそれを完全に守っているわけではないように思われる。戒律に存在しないいくつもの掟は守っているのに，戒律の条項の多くを無視している。われわれは書物のなかで語られているように，聖人たちがしていたようにみずからの手で仕事をしていない。

私のいうことが信じられないのならば，聖アントニオス，聖マカリオス，聖パコミオス，そしてとくに，異邦人に伝道した使徒パウロの物語を読みなさい。われわれは，10分の1税や教会への寄付のおかげで食物や衣服を手に入れ，本来は教会の所有物でないものを策略や暴力によって盗んでいる。その点で，われわれはまさしく人びとの血を飲み，罪を負っているのである。

そういうわけで，私は次のことを提案する。聖ベネディクトゥスの掟を完全に守り，そこから右にも左にもそれないようにする。食物と衣服を，自分たちの手でつくる。戒律が求めているように，股引，織物，毛皮の使用をやめる。10分の1税や司教区のために働く聖職者への寄付は受けとらない。このように，汗をかくことで，聖人たちの足跡をたどり，イエス・キリストのあとを追うことにしよう」

この話を聞いた修道士たちは，黙っていなかった。それどころか，彼らは院長の提案は控えめすぎると考え，数々の奇跡によって有名になり，すばらしい生涯を送った先人たちが実際に残した前例や制度を手本に，これら尊敬すべき人びとによって示された道を歩むべきだと主張した。

「昔のガリア〔現在のフランスを中心とする地域〕の聖人たちが信心深い生活を送った道と彼らが起こした奇跡は，彼らの存命中も死後も，彼らの神聖さが神の意にかなっていたことを見事に示しています。彼らのしきたりや伝統に従いながら，われわれはこの道を長いあいだ守ってきました。われわれは，死ぬまで全力でこの道をつづけたいと思います。

尊敬すべき院長さま。われわれが修道院の戒律の厳しさから遠ざかった必然的な理由，かつてテーベ〔古代エジプトの都市〕や聖地パレスティナの未開の土地で暮らしたエジプトの聖人たちの険しい道をわれわれがまだ苦労してたどっていない理由を，どうか注意深く検討してください」

彼らはみずからの労働と巧みな手順によって，荒野や樹木が生い茂った土地に自分たちの修道院を設立し，それらの修道院に，「ラ・メゾン・ディユ〔神の家〕」「クレルヴォー〔明るい谷〕」「ボン・モン〔美しい山〕」「ロモーヌ〔恵み〕」など，聖なる名前をつけた。それは，このような甘美な名前を聞いた人びとが，これほど特別な名前をもつ修道院がどれほどの幸福をもたらすのかをすぐにでも知りたいという気持ちにさせるためだった。

オルデリクス・ヴィタリス
『教会史』第8巻，第26章

... fortasse opis uacuare uideamur.

EXPL LIB·XX· INCIPIT·XXI·

NTELLECTVS sacri eloquii inter rectū & mysterium tanta est libratione pensandꝰ. ut utriusq; partis lance moderata, hunc neq; nimię discussioni pondus deprimat: neq; rursus torpor incurię uacuū relinquat; Multę quippe eius sententię tanta allegoriaꝝ conceptione sunt grauidę: ut q̊sq̊s eas ad solam tenere hystoriā nititꝰ: earū notitia p suā incuriam p̄uet; Nonnullę uero ita exterioribꝰ p̄ceptis inseruiunt: ut si quis eas subtilius penetrare desiderat: intꝰ quidē nil inueniat; sed hoc sibi etiā quod foris loquitur abscondat; Unde bene quoq; narratione historica per significationē dicitur; Tollens iacob uirgas populeas uirides & amigdalinas: & ex platanis. ex parte decorticauit eas. detractisq; corticibus in his que expoliata fuerant candor apparuit. Illa ū que integra erāt. uiridia pmanserunt: atq; inhunc modū color effectꝰ ē uariꝰ; Ubi & subditur. Posuitq; eas incanalibꝰ.

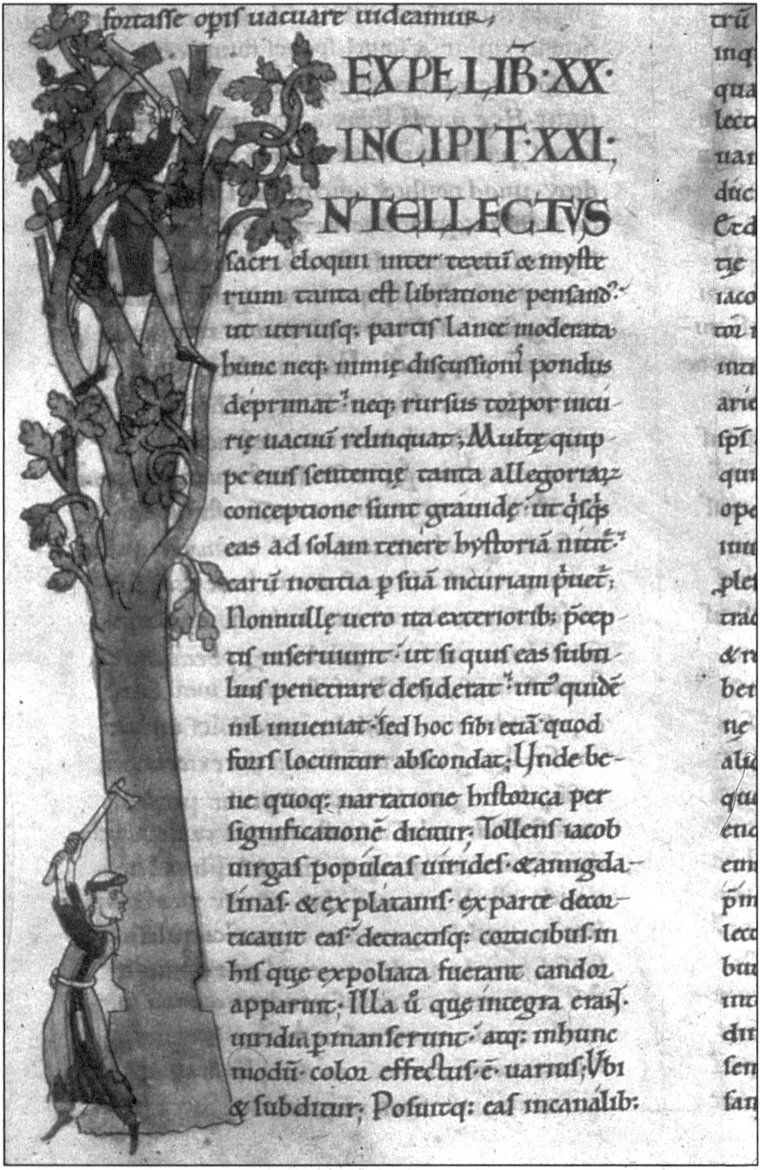

木を切るシトー会修道士（大聖グレゴリウス『ヨブ記注解』の挿絵）

2 クレルヴォー：地上の楽園

12世紀に活躍したシトー会を代表する神学者，聖ベルナルドゥスは，クレルヴォー修道院を天上のエルサレムにたとえている。

そして13世紀になると，もう少し世俗的だがやはり楽園的なイメージをもつクレルヴォー修道院の様子を描写した作者不詳の文章が書かれている。谷には樹木が生い茂り，花の香りが満ちあふれ，清水が軽やかに音を立てて流れ，鳥がさえずるなか，修道士たちが季節や日々に応じてさまざまな手仕事を行なう様子が抒情的に記されたこの作品は，最初期の環境文学のひとつといえる。

⇧聖ベルナルドゥスの像

クレルヴォー＝エルサレム

神の恩寵によって〔イギリスの〕リンカン司教を務める尊敬すべきアレクサンデル閣下へ。この世におけるよりも，イエス・キリストにおいて名誉となることを望むクレルヴォー修道院長ベルナルドゥスより。

閣下が大切になさっているフィリップは，エルサレムに行くことを望んでいましたが，彼は近道を発見し，予定よりも早く目的地に到着しました。このかぎりなく広い海をたちまち横断し，正しい道をたどったあと，彼は予想どおりの岸辺にたどりつき，救いの港に上陸しました。彼の足はすでにエルサレムの地を踏み，ユーフラテス川のほとりにあると聞いていたその町を，森を切りひらいた開墾地のなかに見いだし，自分の歩みを止めたその場所を自発的に熱愛しています。彼は聖なる町に入り，当然のこととして，次のようにいわれた人びとと共に自分の場所を得ました。

「今後，あなたはもはや客人でも異邦人でもない。あなたは聖人たちの同胞であり，神のしもべである」

彼らと同じく，彼はこの町に出入りすることができ，聖人たちのように神の栄光を授けられました。彼はほかのすべての人と同じく，「われわれは天に滞在している」ということができます。つまり，彼は見世物を見物する野次馬ではなく，エルサレムの信心深い住人，この町の名簿に記載された住人なのです。

しかし，これはアラビア半島のシナイ山の近くにあるこの世のエルサレム，その住人たちと同じく隷属状態に置かれたエルサレム〔当時エルサレムは，イスラム教徒に支配されていた〕の話ではありません。私が申しあげているのは，自由なエルサレム，天の母であるエルサレムのことです。

このエルサレムとは，クレルヴォー修道院のことなのです。なぜならクレルヴォー修道院は，そのあらゆる信仰心によって，その品行の一致によって，その宗教的な一種の親子関係によって，天上のエルサレムと結びついているからです。

フィリップの安らぎは，彼がそう断言しているように，何世紀もつづくのです。彼はクレルヴォー修道院にとどまることを選びました。なぜなら，彼はクレルヴォー修道院に，実際の平和を見いだしたとはいわないまでも，少なくともこの平和への期待，「四方八方に広がる神の平和」といわれているものへの期待を見いだしたからです。彼はこの幸福を天から授かりましたが，それでも彼はこの幸福を味わうために，閣下の同意を求めています。

また，彼は自分の行ないに自信をもっています。なぜなら彼は，「申し分なく思慮深い息子は，その父親の誇りである」という〔古代イスラエル王〕ソロモンの格言を閣下がご存じだということを承知しているからです。

聖ベルナルドゥス

『リンカン司教アレクサンデルへの手紙』

クレルヴォー修道院の描写

もしクレルヴォー修道院の様子を知りたいのなら，以下の描写から想像するだけでよい。修道院から遠くない場所にふたつの丘があり，そのあいだの狭い道が修道院に近づくにつれて，だんだんと広がって谷になっている。

一方の丘は修道院の半分に，もう一方は修道院の正面に完全に沿ってつづいている。一方の丘はブドウ栽培に適しており，もう一方は穀物栽培ができるくらい肥沃である。ふたつとも眺めがよく，簡単に開墾できる。一方の丘の斜面からは食べるものが，もう一方の斜面からは飲むものがつくられる。

修道士たちはたびたび，薪として使うための枯れ枝を集めて束にしたり，とげのあるいばらを引きぬき，焼きはらうことでしかとりのぞくことができないものをすべてきれいにし，小道を整備し，土地を開墾し，(ソロモンの格言ふうにいってよければ)生い茂った好ましくないすべての植物を抜いて片づけるために，これらの丘の頂上で働かなければならない（しかしこの仕事は楽しく，休憩するよりも気持ちがよいほどである)。これらの寄生物は，木の枝の成長を妨げたり根を侵食し，丈夫なカシのこずえが星に届くまで高くのびることを妨

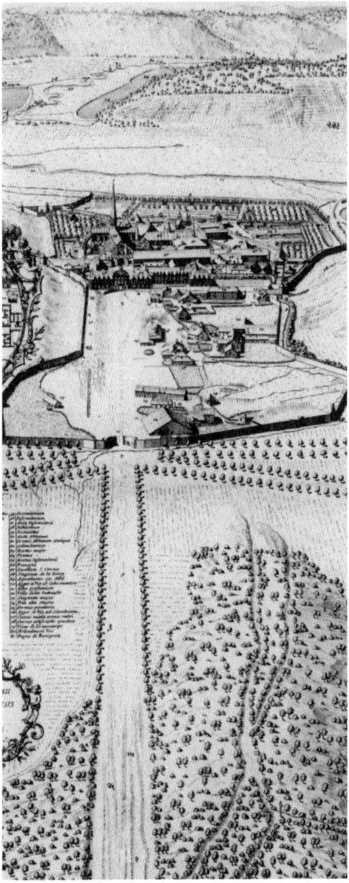

⇧クレルヴォー修道院の俯瞰透視図

げ，シナノキの葉がたわみながら広がることを妨げ，簡単にかきわけられてまがるトネリコが空に向かって自由にのびることを妨げ，大きなブナが思いのままに広がることを妨げる。

修道院の背後は広い平地になっていて，大部分が壁でかこまれ，修道院の広大な土地を仕切っている。この壁の内側には，さまざまな種類の樹木がたくさんあり，森のような果樹園になっている。この果樹園は病気の修道士たちが暮らす区域に隣接し，彼らの苦しみをなぐさめ，やわらげている。

ここは散策ができる広い場所を提供し，暑さに苦しむときには気持ちのよい避難所となる。過酷な太陽によってもたらされる容赦ない暑さが大地を焼き，川を干あがらせているとき，病人は芝生の上に座り，灼熱の太陽をさえぎり，日中の暑さから守ってくれるちょっとした葉影で休むことができる。さまざまな種類の植物の香りをかぐことで，苦痛が軽減される。草木が目の前で成長したり広がっていく心地よい光景は病人に大きな喜びをもたらし，当然のことながら病人はこう口にする。

「私はあれほど望んだように，この木陰に座っている。そしてこの木の果実は甘い」

さまざまな鳥の鳴き声は，そのやさしいメロディで病人の耳をくすぐる。このように，ひとりの病人を助けるため，神の愛はたくさんのなぐさめを提供する。空気が明るく静かに病人にほほえみかけ，大地は豊かさを発散し，病人自身は，目と耳と鼻孔によって，さまざまな色彩，メロディ，すばらしい香りを受けとるのである。

果樹園が終わるところから，四角にわけられた，というよりもむしろ，そこを流れる小川で区切られた庭園がはじまる。実際この水は，よどんでいるように見えるが，それでもゆっくり流れている。ここでは，病気の修道士たちが緑がいっぱいの川辺に来れば，澄んだ水のなかの美しい光景を見ることができる。半透明の間仕切りの下で小さな魚たちがぶつかりあいながら泳ぐ様子は，戦闘中の軍隊を思わせる。ところで，この川の流れは，ふたつのことに利用される。魚の養殖と畑の灌漑である。

一定の水量があるこの流れに水を供給しているのは，有名なオーブ川である。修道院内のたくさんの仕事場を通って，この流れはいたるところに完璧な従順さの跡を残していく。この流れは苦労して自分の役目をはたし，無傷で役目を終えたり，怠けたりすることはない。この流れ（これは自然にできたものではなく，修道士たちが計画的に掘ったものである）は蛇行しながら谷を二分し，水の半分を修道院に送り，修道士たちのもとへ行き，すべての水が来ないことをわびる。水の残りの半分は，別の場所にきちんと導かれている。

川が氾濫し，あまりに激しく流れはじめると，堤防によって押し戻され，その堤防に沿って逆流してからふたたびもとの流れに合流する。門番の役割を担っている壁が水を導きいれると，まずはその勢いで水車を動かし，重い臼（うす）で小麦を挽いたり，目の細かいふるいで小麦粉とふすまをわけるなど，いくつもの仕事をこなす。まもなくその流れは，隣の建物で釜に水を満たし，その水は火で熱せられ，たまたまブドウ栽培の努力が実らずワインが足りなかったときには修道士たちに飲み物を供給したり，ワイン不足を補うためのビールづくりに使われる。

しかし，仕事はここで終わりではない。事実，水は水車小屋に隣接する縮絨（しゅくじゅう）機〔毛織物の組織を密にする装置〕に引きいれられ，水車小屋で修道士たちの食料を準備したように，当然のこととしてここでは彼らの衣服の準備をする。しかも，水の流れは逆らうことがなく，要求されたことをなにひとつ拒まない。それどころか，水はこれらの重い器具（杵（きね），あるいはハンマー，さらには木の足とよんでもよい。木の足という名前は，縮絨の作業の動きによりふさわしい）を上下させて，骨の折れる仕事をする。まじめな話にばかげた言葉をはさむことが許されるならば，水はこの器具に罰を受けさせているのである。

ああ，神よ。あなたはあわれな信者たちがあまりにも大きなつらさに耐えきれなくならないよう，どれほど多くのなぐさめを彼らにおあたえになっていることか。罪を悔い改めた人間がときにつらい苦悩に打ちひしがれることがないよう，どれほどの罰を軽減なさっていることか。なぜなら，オーブ川が優雅に楽々と，これをしなければ衣服も食料も準備することができない仕事をしてくれなかったら，多くの馬が背中を痛め，多くの人間が腕を疲れさせるからである。

しかし川は，焼けつく太陽の下でわれ

われと共にこの仕事をし，その見返りとして，これらの仕事をすべてひとつずつ終わらせたあと，思いのままに自分の道を進む許可を求める以外のことを期待しない。そういうわけで，川は速い動きで水車を機敏にまわし，泡だった状態でそこから出てくる。その結果，まるで川自体が粉々になったようになるが，川はそのことをまったく意に介さない。

次に水は製革所に引きいれられ，修道士たちの靴をつくるために必要な仕事を熱心に行なう。その後，いくつもの支流にわかれて，必要とされるすべての場所でそれぞれ，かいがいしく働く。つまり，炊事，ふるいわけ，攪拌（かくはん），粉砕，散水，洗濯，砕石，粉練りなどに従事する。最後に，水はそれぞれの場所で完璧に仕事をなしとげたあと，すべての汚物を押し流し，すっかりきれいにした状態で去っていく。こうして，あたえられた仕事を精力的にこなすと，水はふたたび速い流れとなってオーブ川に注ぐ。川はクレルヴォー修道院にかわって，水のあらゆる善行に感謝し，水のあいさつにふさわしい返礼をする。水の流れはまたたくまに，われわれのところに運ばれてきた水を川に放出し，ふたつの流れはもうひとつのものでしかなくなる。そして，その混じりあった痕跡は残らない。川からわかれたことで水量が減って無気力になっていた水は，勢いのよい流れとまじりあって活発になる。

ところで，気持ちのよい場所の水の流れをすっかり置きざりにしてしまったので，小川の話に戻ろう。それらはオーブ川に発し，草原を好き勝手にまがりくねっている。その結果，小川は大地をうるおし，肥沃にする。

春，身ごもった大地が出産をむかえるとき，水がなければ新芽はしおれてしまうが，草原は雨ごいをして水を求める必要がない。なぜなら姉妹である川の恩恵を受けて，十分に水がいきわたっているからである。これらの小川，あるいはむしろその役割を考えれば水路とよぶほうがふさわしいが，それらはふたたび，わかれる前の川であるオーブ川に合流し，完全にひとつの川になり，速い流れとなって急な斜面をくだる。

しかし，われわれはすでにかなり遠くまで行ってしまい。川そのものもソロモンの言葉を借りれば本来の流れに戻ったので，われわれも遠く離れた場所から戻り，広い草原を数語で横切ることにしよう。

それは魅力にあふれる場所，衰弱した心を癒す場所，胸をしめつけられるような悲しみをまぎらわせる場所，神を求めている人びとの信仰心をかりたてる場所，われわれが熱望している喜びに満ちた天国の概略を見せる場所である。大地のにこやかな顔がさまざまな色の目を緑でいっぱいの光景で楽しませ，甘い香りが鼻をくすぐる。

しかし，草原に咲くこれらの花を見て，それらの香りをかぐと，私は昔の伝説を思いだす。事実，この香りに喜びを感じるとき，私は族長ヤコブのよい香りがする服が花畑の甘い香りにたとえられたことを思いだす。また，目がこれらの花の色を愛でるとき，私は花の姿がソロモンの深紅の衣装よりもすぐれているとみなされたことを思いだす。栄光の頂点に達したソロモンは，すぐれた知恵と高い権威をもつ欠点のない人物だったのに，野のユリのすばらしさに負けたのだった。

このように，私は外観に引かれながらも，そこに隠されている象徴的なものに強く魅了されている。草原は，そこを横切りながら水を供給する川の世話を受け，植物は根から水をとりいれる。草原は，夏が来ることを恐れない。草原は非常に遠くまで広がっているので，草を刈って太陽の熱で乾かし，干し草をつくるために，修道士たちは20日ほど重労働をする必要がある。しかし，修道士だけがこの仕事に従事するのではなく，大勢の助修士や献身者〔財産を修道院に寄付し，修道会に属しているが，修道誓願を立てずに俗人のまま生活する信者〕に臨時雇いの労働者も加わって，彼らは刈った草を積んだり，草を刈ったあとの地面を熊手でならしたりする。

この草原はふたつのグランギア（付属農場）にわかれているが，公平な判定者で測量士のオーブ川が，干し草の分配をはじめとするさまざまな争いを避けるために奉仕している。一方のグランギアが他方のものを横取りしないよう，オーブ川自身がふたつのグランギアの境界線になっているのである。

これらのグランギアは，助修士たちの避難所ではなく，まるで修道士たちの聖域のようである。たしかにそこには，牛のくびき，犂，そのほか畑仕事に必要な道具類しかなく，開かれた書物は置かれていない。しかしグランギアの建物を見れば，その場所も美しさも大きさも，修道士の大きな共同体にふわさしいものに見える。

柵に接する部分の草原は，かたい地面ではなく湖になっていて，離れた場所で修道士が汗をかきながら研いだ鎌で草を刈っている一方，こちらでは別の修道士が木の小舟に乗っている。馬に乗るときは拍車やくつわを使うが，そのかわり，小舟では軽いオールを使ってスピードを調節する。小魚を捕るため，水のなかで網が広げられる。網のなかには，魚が好む餌を隠してあるので，軽率な魚はそこに引き寄せられて捕獲される。

この例から，われわれは快楽を軽蔑することを学ぶ。なぜなら，苦痛と引きかえの快楽は，不幸しかもたらさないからである。過ちを犯したことのない人，あるいは過ちを心の底から後悔したことのない人以外，誰もがこの悲しい結末を見くびることはできない。

ああ，神よ。死の前段階である快楽を，われわれから遠い場所に置いてください。ソロモンの言葉を借りれば，この死の前段階とは「甘い蜜を巣におろしてふたたび飛びたったあと，今度は人を驚かせて，毒針を刺して消すことのできない傷跡を残すミツバチに似ている」。

湖は，一段高くなった土手でかこまれている。ハリエニシダの根がまじりあったその土手は，水面に向かってゆるやかに傾斜している。湖は，わずか36ピエ〔1ピエは約32.4センチメートル〕離れた場所を流れる川から水をとりいれている。川の水はほそい水路を通って湖に注ぎ，ふたたびほそい水路から川へと注いでいる。そのため，湖の水面はつねに同じ高さを保ち，注ぎこむ水によって増えることもなく，流れでる水によって減ることもない。なぜなら，つねに同じ量の水が注ぎこみ，流れでるからである。

ここまで私は平地を軽快に歩きまわり，息を切らしながら丘にのぼり，あるときはソロモンの深紅の衣装を引きあいに出して草原のことを語ったり，丘の頂上で生い茂る樹木の様子を描写してきた。そしていま，私は泉から恩知らずと非難されている。私は泉のおいしい水を何度も飲んだので，泉は私からの称賛を受けて当然なのに，まだ私はなにも報いていないからである。

泉は私をとがめている。泉はたびたび私ののどの渇きを癒してくれた。泉は私が手だけでなく足も洗うのを，うやうやしく受けいれてくれた。そして，思いやりのある同情を示しながら，泉は数々の役に立ってくれた。つまり，私は泉がしてくれたことに対して，ひどい仕打ちをしたのである。その功績を考えれば，泉は本来最初にとりあげるべきなのに，最後になってしまった（もう少しで，私は泉のことをとりあげないまま終わらせるところだった）。事実，私は泉の話を最後までとっておいたことを否定しない。なぜなら，ほかのすべてのことはすでにのべたからである。

泉はみずから音もなく姿を消し，地下をめぐる。そのため，音もなく流れるシロアムの池〔新約聖書に登場する池〕の水のように，かすかな音を頼りに道筋をたどることさえできない。まるでその道筋を暴かれることを恐れているかのように，泉はいたるところで頭を隠し，視線をそむけている。そういうわけで，屋根に隠れた状態でしか見られたくない泉は，自分のことをそっとしておいてほしいと考えているように思われる。

泉は朝日に向かいあうようにあらわれる（これが，よい泉のしるしだとされている）。夏至のときには，バラ色の指をした夜明けの光の輝く顔を，泉は真正面に見る。あらゆるけがれから身を守るために，泉は小屋（というよりはむしろ，敬意をこめて，きれいなあずまやといおう）に隠れている。丘が泉を生みだすとすぐに，谷がその泉を飲みこむ。泉は，生まれた場所でまさに死に，埋葬される。

しかし，預言者ヨナの物語，つまり3日3晩隠れていたという話を，ここで期待してはならない。泉はすぐに，そこから1000歩の場所にある修道院の回廊のなかで，ふたたび姿をあらわす。いわば大地の底から生まれかわって登場し，その後は堂々と，修道士たちの役に立ち，聖人以外のなにものでもない人びとと，その運命を共にする。

作者不詳

③労働と休息：修道士と助修士の日常生活

説教集や奇跡物語は，修道士と助修士の日常生活に関する情報の宝庫である。強い個性をもった神学者ステラのイサク（1178年没）は説教のなかで，肉体労働と休息は，神を知るための精神的な訓練の手本であるという独創的な考えをのべている。

『シトー会大創立史』の著者とされているエーベルバッハのコンラートは，エルベール・ド・クレルヴォーが書いた奇跡物語に手を加え，シトー会の聖人伝や図像学に関する古典的な作品のひとつに仕上げた。

こうしてわれわれは，とげの上に種をまかないよう，開墾されていなかった畑を耕した。われわれは汗を流す。なぜなら頭の真上で，太陽がわれわれを焼いているから。地上の種まきで疲れはてたので，すぐそこに見える緑の大きなカシの木陰で，少しだけ休もう。そこで，さらに魂の汗を流すのだ。空腹と疲労で倒れないように，神の言葉の穀粒をふるいわけ，それらを粉にして，水を混ぜ，焼いて，食べよう。

ステラのイサク『説教24の1』

聖母マリア，聖エリサベト〔洗礼者ヨハネの母〕，マグダラの聖マリア〔新約聖書に登場する女性〕が，猛暑のなかで収穫作業を行なう修道士たちのもとを訪れた。

⇧『修道士ルノーとシトー会修道士たちの前にあらわれた，聖母マリア，聖エリサベト，マグダラの聖マリア』（17世紀ポルトガル画派）

ある日，彼（修道士ルノー）はほかの修道士たちと一緒に小麦の収穫を行なうために出かけた。彼は少しのあいだみなから離れて，深い感動を覚えながら，収穫作業を行なう修道士たちを眺めていた。

学識豊かで，気高く，すぐれた大勢の人間が，こうして肉体を苦痛と疲労にさらしながら，イエス・キリストの愛のために，上機嫌で，太陽に焼きつくされる暑さに耐えながら，まるで地上の楽園ですばらしい香りの果実を摘んだり，豪華な料理が並んだ魅力的な食卓に招かれたかのようにふるまう様子は，驚くべきものだった。そこで目と手を空に向けて，これほど模範的な人びとを自分のような，とるに足りない罪人のもとに集めてくださったことを，彼は神に感謝した。

このような考えが心のなかをさまざまに行き交い，あまりの喜びの大きさにぼうっとしていると，突然目の前に，バラのように顔を輝かせ，白い服を着た3人の壮齢の尊敬すべき女性が姿をあらわした。そのなかのひとりは，ほかのふたりを従えていた。彼女は，ほかのふたりよりも輝く服を身につけ，美しい容貌で，すらりとした体つきだった。

3人は近くの高台からおりてきて，その高台の斜面で収穫作業を行なっている修道士の一団に近づいた。彼はそのことにあまりにも驚いたので，思わず次のような言葉を口にした。

「ああ，神よ。規則に反してわれわれの一団に近づいてくる，これほどまでに美しく尊敬すべき女性たちは，いったい誰なのですか」

白い服を着た白髪の男が彼のそばにあらわれて，その言葉に答えていった。

「ほかのふたりを従えている貴婦人は，イエス・キリストの母である聖母マリア様だ。彼女につき従っているふたりの女性は，聖エリサベトとマグダラの聖マリアである」

イエス・キリストの母の名前を聞いたとき，あまりにも気高いこの名前，彼が激しく愛するこの名前は，修道士の心を奥底まで揺さぶった。そこで，彼はふたたび質問した。

「聖母はどこへ行かれるのですか」

男は答えた。

「彼女は，収穫作業を行なう修道士たちのもとを訪れるために，やってきたのだ」

そういうと男は突然姿を消した。それを見て，修道士はふたたび心の底から驚いた。そして聖母と彼女につき従うふたりの女性のほうへ目を向けて，彼女たちを呆然と見つめた。彼女たちは一列になって静かに歩を進め，修道士の一団のところまでやってきた。

そのあと，3人は別々になって，修道士と助修士全員に姿を見せるため，端から端まで歩いた。それから全員が見守るなか，彼女たちは姿を消して，もといた天国に戻っていった。

『シトー会大創立史』3の13

4 美学と倫理学

『総会議決規定集』の禁止事項には，シトー会の美学を否定するようなものが多い。だからシトー会の美学の真意を理解するためには，文学的な文章のほうが適しているかもしれない。

リーヴォーのアエルレドゥス（1110～1167年）と『ピクトル・イン・カルミネ』の著者（具体的な名は不明）は，空想的なモチーフや世俗をテーマとした美術を非難している点で，聖ベルナルドゥスと完全に意見を同じくしている。

⇧ハイルスブロン修道院（ドイツ）の要石

シトー会の簡素さ

修道士の個室のなかにまで，美しさを追求しようとする一種の虚栄心が見られる。壁を絵画やあらゆる種類の金銀細工で飾り，祈祷所を壁布やいろいろな絵で装飾する。修道誓願に反するこのようなことはすべて，しないように気をつけること。

信仰心と見せかけて，絵画や彫刻，鳥や家畜の図柄がちりばめられた壁布，いろいろな種類の花模様によって，くだらない虚栄心を求めるのは，どうかやめてほしい。それらは，自分では自慢ができると思っていても，その心のなかは空っぽの人間に似つかわしいもので，そのような人間はほかの場所に，自分の心を満たす装飾を探すべきである。

自分の外側ではなく心のなかに，絵画や像ではなく本物の美徳のなかに，自分の誇りと満足を見いだすように。

祈祷所の装飾は，以下のものにすること。そうすれば，奇抜な像に目をくらまされることはない。祭壇の上には，十字架の上で処刑されるイエス・キリストの像があれば，十分である。その像を見れば，イエス・キリストの受難を手本にしようという気持ちになり，広げられた腕に接吻したくなる。接吻された像は，むき出しの胸から，あなたをなぐさめる甘い乳をあなたの上に注ぐだろう。もしそうしたければ，イエス・キリストの像の隣に，聖母と純潔な弟子の像を置いてもよい。それらの像を

⇧抽象模様の見本（『ラインの図案集』より）

見ることで，純潔のすばらしさを思いおこすことができる。

つまり，これらの像によって，軽薄さではなく愛へと導かれる。これらの像はみな，見るものを一致へと導かなければならない。なぜなら，必要なのはこの一致だけだからだ。この一致は，唯一の神のなか，神のそば，神と共にしか見いだすことができない。この唯一の神と共にいれば，変わることもなく，かげりが生じることもない。

リーヴォーのアエルレドゥス
『隠者の定め』(24〜26節の抜粋)

兄弟たちよ。われわれがこの祝日を，灯明や聖歌をはじめとするこの種のあらゆるものと共に祝わないことを，知っておかなければならない。それは，たったふたつの理由によるものである。これらの儀式は，神の聖人たちになにももたらさない。彼らはこの世の歌を喜ばず，この世の平凡な灯明ではたたえることができない。彼らの讃美，彼らの光は，「この世に生まれたすべての人を照らす」イエス・キリスト自身である。ひとつめの理由は，このような新しいやり方はわれわれを目覚めさせ，より深い信仰に導くから，というものである。ふたつめの理由は，まさしく先ほど説明したばかりのことである。

そういうわけで，われわれはこのふたつの理由によって許される範囲で，行動しなければならない。そう，私の考えでは，際限なく名誉と外面的な美しさを求める人びとは，この祝日をそれにふさわしく理性的に祝うことをしない。なぜなら，うわべだけの人間は，このようなありとあらゆる歌，装飾，灯明，そのほかこの種のすべての美しさに心を奪われ，自分の目，耳，そのほかすべての肉体感覚が感じとるもの以外についてはなにひとつ，ほとんど考えることができないからである。

兄弟たちよ。これらのものにはまったく目もくれないわれわれは（しかし，それらが多くの場所に存在することを，われわれはよく知っている），本物の美しさ，聖人たちがそこにいるけがれのまったくない美しさに思いをめぐらせ，それを味わおう。

聖人たちが正義の神聖さのなかにもっている，これらの精神的な装飾を楽しもう。聖人たちがたえず神をたたえる歌と賛辞を楽しもう。聖人たちが神の顔に見ている光を楽しもう。つまり，われわれの精神がつかのまのこの世の楽しみに引きずられないよう，この祝日を祝おう。というよりも，むしろ天の永遠の幸福に向かって高められ，聖人たちの本物の栄光と賛美を目にすることができるよう，この祝日を祝おう。

リーヴォーのアエルレドゥス
『諸聖人の祝日に関する説教22』

そのころ，ひとりの修道士が夜に幻を見た。彼の目の前には，完成された建築芸術の建物，いずれにせよ巨大で優雅な建物が建っていた。なかに入ろうとしたが，むしろ小さすぎるように思われる戸口以外に，入口が見あたらなかった。そこには通り道がなく，格子のついた窓や開口部があるだけだった。その上，この建物には，戸口のすきまからさしこむわずかな日光以外，まったく光が入っていなかった。

しかし，修道士は建物の材料である木の香りをかぎ，その香りに魅了されて，もっと近くから見たいと思った。そこで近づいてみると，この香りが驚くほど甘いことがわかった。入口のところまで来てなかを見ると，床の上にベッドが置かれていて，そのベッドの上で修道院長が臨終をむかえる瀕死の人間のように横たわっていた。建物の屋根のほうに目を向けると，太陽のかなた，肉体の目がこの世で見ることのできるすべてのもののかなたで輝く人影が見えた。

その人物は黒っぽい部分が少しもなく，完全に輝いていた。これ以上なく純粋で，明るく，太陽の光の下の木々のようだった。壁や目の前にあるすべてのものが光り輝き，千本の燭台に照らされたかのように，建物全体がこの人物の光できらめき，燃えるように輝いていた。

しかし，修道士はその人物の体を通して，その人物がいた場所に自分もいたかのようにはっきりと見ていた。その人物は建物の中央に姿をあらわし，空中で，なにかにつながれたりすることなくとどまり，なにかに支えられることなくまっすぐに立ち，求心力も遠心力も働いていないのに，そこに存在していた。

そう，その人物はそこ，家のなかの空間に，雲のなかに見える太陽のように浮かんでいた。その上，その人物のへその近くには小さな斑点があった。ほかのすべての部分と比較したら，ごくごく小さな暗い斑点だった。その斑点は，その人物の光と同化しようとせず，しばらくのあいだ宙に浮いているように見えた。尊敬すべき修道士がこれらのことをぼんやり見ていると，すぐそばにひとりの男があらわれて，こういった。

「おまえの修道院長は，死んだのではない。おまえが見たその人物は，まさしく修道院長の魂なのだから」

ウォルター・ダニエル

『リーヴォーのアエルレドゥスの生涯』

装飾と気晴らし

しかし，回廊で読書をしている修道士たちの目の前で，これらの滑稽なもの，奇怪な美，あるいは美の形をとった怪物は，なにをしているのか。みだらなサル，獰猛なライオン，半人半獣の怪物ケンタウロス，斑点模様のトラ，戦う兵士，角笛を吹く猟師は，そこでなにをしているのか。

ひとつの頭に複数の体をもつ怪物がいるかと思えば，ひとつの体に複数の頭をもつ怪物がいる。こちらにはヘビの尾をもつ四足獣がいて，あちらには獣の頭をもつ魚がいる。あちらには上半身が馬で下半身がヤギの姿をした獣が，こちらには角のある頭をもった下半身が馬の姿をした獣がいる。

つまり，驚くほどたくさんのさまざまな形をした像がいたるところにあるので，修道士たちは本を読むよりもこれらの大理石像を解読したくなり，神の掟に思いをめぐらせるよりも，これらの像をひとつひとつ調べることに1日を費やしたくなるだろう。

聖ベルナルドゥス

『サン＝ティエリのギヨームへの弁明』

12の29

このように，修道士たちが集まる回廊のなかにまで，ツル，ノウサギ，ダマジカ，アカシカ，カササギ，カラスがいる。これらは，アントニオスやマカリオスといった修道生活を行なった聖人たちが必要としたものではなく，女性が喜ぶものである。これらはすべて，好奇の目は満足させるが，修道院の清貧にはそぐわない。

リーヴォーのアエルレドゥス

『愛徳の鏡について』2の24の70

plicuerit. non t qui paruerit. sed
michi qui inuitum coegerim im
putetur. Vale in xpo dilecte frater.
ERE SCOR VERA
& discreta humilitas uirtus est.
mea autem & mei similiū. defect

リーヴォーのアエルレドゥス

頭がふたつついたワシ，ひとつの頭に4つの体をもつライオン，派手な甲冑をつけたケンタウロス，頭がない興奮した動物，一般的な彫刻ほどは醜く見えない怪物キマイラ，寓話に登場する雌鶏をだますキツネ，〔スコットランドの歴史家〕ボイスの物語に登場する笛を吹くサルや竪琴を演奏するロバは，神の祭壇のまわりで目にするものにふさわしく，有益なものなのだろうか。

『ピクトル・イン・カルミネ』

聖大グレゴリウス〔6世紀〕にはじまり，14世紀になっても広い範囲で認められていた考えとして，教育水準によって像と文字を使いわけて，人びとに信仰を伝えなければならないというものがあった。

読み書きができない人間にとっての絵画は，読み書きができる人間にとっての文字に相当します。つまり，文字を知らない人間は，少なくとも壁に描かれた絵画を見ることで，本で読むことができないことを理解するのです。

聖大グレゴリウス

『マルセイユのセレヌスへの手紙』

読み書きができない人間は，文字という記号で理解することができない。彼らは絵画を見ることで理解する。

アラスの教会会議（1025年）

司教たちの事情は，修道士たちとは異なる。司教たちは教養のある人間に対してと同じく，読み書きができない人間に対する責任も負っているので，物質的なことに関心を寄せる人びとの信仰を物質的な美しさによって高めていることを，われわれはよく知っている。なぜなら，そのような人びとは精神的な美しさによって信仰を高めることはできないからである。

聖ベルナルドゥス

『サン＝ティエリのギヨームへの弁明』

12の28

それ（像の利用）は——誰かに許されなければならないとしたら——大勢の人であふれる都市や市場町に住む聖職者たちに許されなければならない。素朴な人びとを絵画の美しさで魅了するためで，そのような人びとは文字の繊細さには引きつけられないからである。

ユーグ・ド・フイヨワ

『魂の回廊』2の4

現在では，われわれの目は内容のない楽しみだけではなく，世俗の楽しみにも，あまりにしばしば魅惑されるがままになっているので，教会，とくに人びとが長時間滞在する大聖堂や洗礼堂の，これらのむなしい像をなくすことは簡単なことではないだろう。この自堕落は，少なくとも人びとが絵画に魅了されているのならば，単純な人びとを一般信徒にとっての書物に相当する神聖な事柄に引きつけ，教養のある人びとがさらにこれらの書物を愛するようにさせるならば，大目に見てもよいと私は考える。

『ピクトル・イン・カルミネ』

実際にわれわれは，像をつくっている。なぜなら，絵画は一般信徒にとって，聖職者にとっての書かれた記号，つまり書物に相当するからである。

ブールジュのギヨーム

『主の戦いの書』

教会のなかにある絵画と装飾は，一般信徒の書物や文書である。

ギヨーム・デュラン

『典礼説明書』

激しい議論を生むテーマとして，「貧しい人びとからの搾取」というものがある。このテーマに関して，最初はシトー会がクリュニー会を批判したが，のちにシトー会が初期の理念から遠ざかると，今度はシトー会が非難の対象となった。

教会は壁を輝かせているが，貧しい人びとのためになるものをなにひとつもっていない。教会の石材は黄金で飾られているが，信者たちは裸のまま見捨てられている。貧しい人びとを犠牲にして，豊かな人びとの目を楽しませている。好奇心のある人間はここで楽しむものを見いだすが，不幸な人びとは腹を満たせない。

聖ベルナルドゥス

『サン＝ティエリのギヨームへの弁明』

12の28

石材は建物を建てるために役だつが，その石材に彫刻することが，いったいなんの役にたつというのか。そもそも，われわれは聖書のなかで「創世記」を読むべきで，壁の彫刻から理解すべきではない。その彫刻では，イヴはきちんと服を着ているのに，アダムは気の毒にも裸で横たわっている。この修道院は冬の厳しい寒さに苦しんでいるのだから，アダムには裏地のついた服を着る権利がある。

ユーグ・ド・フイヨワ

『魂の回廊』2の4

シトー会修道士「まったくなにも知らないあなたの修道会の権力者たちは，最後の審判のとき，イエス・キリストが神に選ばれた人びとに向かって，『来なさい，父である神の息子たちよ。なぜならあなたがたは，私に黄金の杯と黄金の房がついた祭服をつくってくれたから』といって，神に見放された人びとには，それとは反対のことをいうとでも思っているのですか？」

『ふたりの修道士の対話』

1の38

搾取された貧しい人びとの涙で建てられた君主たちの宮殿は，神によってこの建築への激しい情熱を罰せられる。しかし，利息つき貸付金，高利貸の不法な利益，腹黒い人の嘘，嘘つきや不誠実な説教者や買収された人の悪だくみのおかげで建てられた修道院や教会は，不正に得られた財産で建設されたため，多くの場合崩壊する。なぜなら，「不適切に得られたものは，幸福な結末をもたらさない」からである。

また，聖ベルナルドゥスの例を見よ。そのころシトー会修道士たちは，要塞化したきらめく豪華な建物に住んでいたが，聖ベルナルドゥスは，昔のシトー会修道士たちが住んでいたあばら家に似た，羊飼いのわらぶきの小屋を見て涙を流した。

しかし，たびたび建築熱におかされた修道士たちも，当然のことながらほかの人びとと同じように，悪癖を介して罰を受けた。なぜなら，これほど美しく広大な建物を建設することは，傲慢な主人の誘惑のようなものだからである。

ペトルス・カントール

『凝縮されたみ言葉』86

5 称賛と批判：シトー会修道士と世評

世俗の社会との関わりを日常的に放棄して生きることは難しい。「見せかけだけの清貧」を非常に激しい調子で非難したステラのイサクは，自分が所属するシトー会よりもカルトゥジオ会やグランモン会の修道士たちのほうが，完璧に近い清貧を守っていると考えた。

また非常に早い時期から，「キリストの貧者」を自称するケルンの人びとの流派などは，完全な富の放棄を表明し，シトー会が採用した集団所有権の概念を認めなかった。

あなたがたの使徒が思慮分別とよんでいるものは，いまでは比類のない狂気，無為，怠惰とみなされている。ああ，兄弟たちよ。われわれがいたるところで読んでいる神の言葉は，ほとんどすべての場所で無視されている。それでもカルトゥジオ会は，少しは注意深くそれらの言葉を聞き，自発的にきわめて少しのものしか所有せず，たくさんのものをもとうとしない努力をしている。彼らがほんの少しのものしかもたないのは，自分たちの世界に世俗の社会が入りこんでこないようにするためである。

グランモン会はもっと深い理解を示し，なにも所有していない。グランモン会修道士が天界にのぼるときには，その手になにももたず，悪党たちが住むこの世を眺めながら，喜びの歌を歌うだろう。

ステラのイサク『説教2の7』

近ごろ，新しいふたつの種類の修道士が登場した。波瀾に満ちたいまの時代が，このような人間を生みだした。過去にはまったくなかったことだ。事実，物ごいと呼ばれるこれらの人間には2種類ある。

そのひとつは，ある土地から別の土地へと放浪しながら，いたるところでたえず施しを求めたり，驚くようなトリックを使って嘘や偽りを見せる人間である。

もうひとつは，道端や教会の入口に建てた小屋に住む人間だが，だましたり偽ったりする点では放浪する人間を上まわり，その手腕は並はずれている。彼らのなかには，神聖さを強調したり世俗の社会をまどわせる言葉を使って，完全に世俗の世界にいるかのようなふるまいをするものもいる。

彼らはいたるところに出没し，ありとあらゆることに首をつっこみ，物事をめちゃくちゃにする。彼らのせいで，社会は暴力を容認し，暴力をふるう人間が社会を支配する。彼らは悪意があるため人びとは彼らの味方にはならないが，じゅうぶんな食べ物を彼らにあたえる。

そういうわけで，彼らは物ごいであると同時に大食漢で，ほとんど努力することなく，簡単に食べ物を手に入れる。また，裕福な人がいるところを探して，豊かな町や人が多い場所のすぐそばにある森に身をひそめるものもいる。彼らは住居のまわりを堀でかこみ，人びとから完全に離れた状態を維持する。彼らの住まいが行きにくい場所であればあるほど，人びとは彼らを敬い，彼らに多くの施しをする。彼らはほとんど自分の手を使って働かず，家畜も育てない。彼らはほかの人の手が届く場所で口をあけ，一度口に入れたものは決して吐きださない。

ステラのイサク『説教50の16』

彼らはなぜ異端なのでしょうか。彼らは，教会をつくりあげているのは自分たちだけだといっています。なぜなら，自分たちだけがイエス・キリストを見習い，使徒のような生活をたえず誠実に守っているからだというのです。自分たちは世俗の社会に属するものを求めず，家も，畑も，わずかばかりの金銭も所有していない，イエス・キリストがなにももたず，弟子たちにもものの所有を認めなかったのと同じだ，と。

彼らは，われわれに対してこういっています。「しかしあなたがたは，次から次へと家を建て，畑をつくり，世俗の社会に属するものを追い求めている。あなたがたの共同体でもっとも完璧とみなされている人びとでさえ，そうである。たしかに，彼らは個人的にそれらを所有しているのではないが，共同で所有している。そう，彼らはそれらをまさしく所有しているのだ」

彼らは，自分たちについてはこういっています。「イエス・キリストの貧者であるわれわれは，決まった住居をもたず町を転々とする，オオカミにかこまれた羊だ。われわれはきわめて厳格な生活を送っているのに，使徒や殉教者たちのように迫害されている。断食や禁欲を行ない，昼夜祈りや仕事に没頭し，生きるために必要なものしか求めない。われわれが迫害に耐えているのは，われわれが世俗の人間ではないからだ。あなたがたは世俗の愛人で，世俗と仲がよい。なぜなら，あなたがたは世俗に属しているからだ」

シュタインフェルトのエヴェルヴァン
聖ベルナルドゥスへの手紙

クリュニー・シトー論争

1の1

私は沈黙を保ってきたが，われわれに対するあなたがたの不平は聞いていた。あなたがたは，われわれ（シトー会修道士）が人間のなかでもっともみじめで，ぼろをベルトで押さえただけの姿で洞窟の奥からはい出し，社会を裁きにやってきたといっている。なかでも一番我慢のならないことは，われわれがあなたがたの非常に名誉ある修道会を軽蔑しているという主張である。

7の15

私が修道会（クリュニー会）に敵対して論争していると批判するのは，まちがいである。私は修道会のためを思って論争している。なぜなら，私は修道士たちを通して修道会を非難しているのではなく，修道士たちの悪癖を非難しているからである。もちろん，私はこのことで修道会を愛する人びとの気分を害することを恐れてはいない。それどころか，彼ら自身が嫌悪していることを指摘すれば，彼らは喜んで私の批判を受けいれるだろうと確信している。

もし，このことで多くの人間が怒るならば，そのことを知らせなければならない。なぜなら彼らは修道会を愛していないのだから。彼らはちょっとした堕落，自分たちの悪癖をとがめられることを望んでいないのだから。彼らには，次のような聖大グレゴリウスの言葉を返事として送ろう。「真実を放棄するよりは，騒ぎが起きたほうがよい」

11の27

これはまぎれもない事実だが，私は60頭かそれ以上の馬をともなっていく修道院長を見た。このような修道院長が通りすぎていくのを目にした人は，彼が修道院の守り手ではなく，城主だと，魂の責任を引きうける人間ではなく，領地を支配する君主だというだろう。

聖ベルナルドゥス

『サン＝ティエリのギヨームへの弁明』

沈黙を強いる，詩編の朗読を短縮する，手仕事をする際に修道院の敷地内から出ないというこの新しい掟は，いったいなんなのですか。この新しい教義は，いったいなんなのですか。この新しい掟は，いったいなんなのですか。この新しい教義を，どこから引きだしてきたのですか。この新しい途方もない思いあがりを，どこから引きだしてきたのですか。

親愛なる兄弟たち。いままであなたがたは，権威をあらわし神の恵みに満たされた立派な名前をもっていました。お願いですから，うぬぼれと傲慢さに満ちあふれた名前をつくるのはやめてください。

ランス管区参事会のベネディクト

修道院長たちへのアルバーノの

マテオ枢機卿の手紙

こうして，新しい種類の独善家たちが地上に戻ってきました。彼らはほかの人びとから距離を置き，ほかの人びとより自分たちを好んでいます。そして，自分たちはこういわなければならないと預言者が告げたといっています。「私に触るな」と。なぜなら，私は清らかだから……。

そう，あなたがたは神聖でたぐいまれな存在です。あなたがたは，この世界で唯一本物の修道士です（というのは，ほかの修道士はみな，不誠実で堕落しているからです）。あなたがたは，ほかの誰よりもすぐれた修道士を自任しています。あなたがたは，ほとんど世界中のほかのすべての修道士と自分たちを区別するために新しい色の服を着ていると主張し，黒い服を着た修道士たちのあいだを，白い服を着て気どって歩いているのです。

ペトルス・ウェネラビリス

『聖ベルナルドゥスへの手紙28』

クリュニー・シトー論争は，12世紀中ごろに最高潮に達した。この論争は，二元論に集約することができない。クリュニー会はシトー会の傲慢さと独善を告発し，シトー会はクリュニー会の過剰なぜいたくと生活習慣の乱れに憤慨した。現在では，シトー会修道士イダンの著書と考えられている『ふたりの修道士の対話』でも，この論争は決着していない。

シトー会修道士「実際，あなたは愚かなロバの口から人間の言葉を発しました。あなたは，あなたの愚かな口で自分の修道会に対する見事な批判をしたのです。しかし，あなたは愚かなロバのように，そのことに気づいていません」

クリュニー会修道士「あなたは恥知らずにも私をロバにたとえましたが，いまは我慢することにしましょう。あなたの答えが聞きたいですから」

シトー会修道士「私は恥知らずなのではありません。これは思いやりからなのです。思慮分別がある人間にいわせれば，人はときに，心のなかでは敬意をもちつつ，口先では厳しく，正しい道を踏みはずした相手に接しなければなりません。それは，相手のためなのです。使徒パウロがガラテヤ人を非常識だといったのも，この思いやりからでした。ところで，先ほど申しあげた聖ヒエロニムスの情け容赦のない言葉や，たえず守らなければならないことになっている沈黙に関する戒律の掟を問題としてとりあげる以上に，あなたが厳しく自分の修道会を非難することができるとは思っていません。そこで，沈黙に関する戒律の掟についてなのですが，修道士たちはつねに沈黙を守らなければならないのですから，集会が終わってからも沈黙を守る必要があります。それなのに，あなたの修道会では，集会後の修道士たちは気晴らしにおしゃべりをしています。彼らは座り（なぜなら，彼らは足を止めてその場で長時間ぐ

⇧マウルブロン修道院領の一部の図面

ずぐずするので，立ったままではいられないからです)，みながみな，そこにいるものたち全員と，ありとあらゆる話をします。まさに，座るや否や，それが合図となっておしゃべりがはじまるのです。

こちらで無駄話が飛びかったと思えば，あちらで陰口がたたかれ，誰もが隣の人と話をしているようで，すさまじいざわめきが起きます。その様子は，まるで賭博場や酒場の常連がまわりの人たちとおしゃべりしているかのようです。ときには集会室のなかから叫び声が聞こえることもあり，自分の悪口をいわれた人に飛びかかることもあります。おしゃべりの許可から口論の口実が，口論から脅迫や侮辱が生まれ，次の集会のために修道士たちを呼び集めるために，書字板を叩かなければならないありさまです」

『ふたりの修道士の対話』1の22〜23

6 ルイ14世時代のシトー会の賛美

批評家ボアローの言葉を借りれば「信仰心が荒野や修道院を求めた時代」の精神性の注釈者であるランセは，勇ましい表現を使って，シトー修道院を初期キリスト教時代のモデルになぞらえた。

一方，ブルゴワン・ド・ヴィルフォールやマルテーヌとデュランは，『創立小史』や聖ベルナルドゥスの文章をわかりやすくいいかえるかのように，「恐ろしく」人気のない土地に建てられた修道院の様子を描写している。

彼らの文章は，マンリクやアンリケといった神学者たちが編纂したシトー会の年代記に近い様式のものだが，ロマン主義的な感性も見受けられる。

兄弟たちよ。かなり以前より，神は初期のエジプトでのようには荒野をもうご覧になっていないこと，そして神は荒野からご自身の精神をとりのぞき，もはや荒野に祝福をおあたえになっていないことは事実である。

しかし，神が修道生活のすばらしさを隠者だけのものとしていないことも，また事実である。イエス・キリストが共同生活を送る修道士たちにあたえた恵みは，隠者たちにあたえた恵みとくらべても，決して少なくはない。修道院で奉仕したこれらの聖人たちの多くは，荒野に導かれた隠者たちより立派ではなかったとは思われない。教会は，両者にほとんど同じくらいの救いと名誉を見いだした。

隠者たちの地位は，共同生活を送る修道士たちの地位よりもともと上だが，共同生活を送る修道士のなかにも，隠者の高い精神性に到達したものは多い。そしてさらに，あなたがたも知っているように，神の息吹は気まぐれに，突然この世のただなかから，パウロ，アントニオス，ヒラリオンといった人間を奪い去り，聖人にすることがあるが，一般的な規則に従えば，隠者たちを育てたのは修道院なのである。労働，汗，戦い，苦行，服従，そのほか修道院で行なわれる仕事によって，隠者たちは荒野で聖人のように生きるために必要なものを獲得した。

しかし，兄弟たちよ。テーベ〔古代エジプトの都市〕や聖地パレスティナの助けを借りたり，あまりにも昔の時代の手段や実例を探す必要はない。なぜなら，われわれはすでにいま，ここにそれらをもっているからである。聖ベネディクトゥスの戒律，それを守ろうとする人間に命じられた規定，課せられた義務を注意深く検討すれば，東方の修道院で実践されていたことを文字どおり再現した忠実なコピーを，そのなかに見いだすはずだ。

偉大なる聖ベネディクトゥスは，イエス・キリストの教えのもと，厳しく忠実な服従という武器で，自分たちの不品行や情念と戦うことをおもな目的として，人びとに向けて戒律を書いた。彼は，人びとが目の前ですぐに判断をくだし，彼が悪人にはその罪を罰する苦しみをあたえ，正しい人にはその誠実さに報いる栄誉をあたえることについて考えることを望んでいる。

彼は，人びとが自分の言動に気をつけ，ちょっとした自分の思考，心の動き，手の動き，足の動き，目の動き，口の動きを注意深く制御し，完璧な自分の状態にふさわしくないことを決して口にせず，非の打ちどころがないふるまいをすることを望んでいる。

彼は，兄弟たちが申し分なく一致して生活し，不和が生じたり口論をすることなく，厳粛なライバル意識をもち，どんなときにもたがいに競って，愛の証拠や敬意のしるしを見せようとすることを望んでいる。

彼は，兄弟たちが修道院長を心からの好意をもって愛し，修道院長の命令や意向を，神の命令や意向のようにはたし，屈辱，失意，苦悩のなかでイエス・キリストを手本とし，率直な謙遜によってすべての人の足の下に身を置き，あらゆる点で当世の人間の道徳規準や行動から距離を置き，自分の魂の能力に応じて永遠の物事をたえず熱望することを望んでいる。

そして，彼は兄弟たちがたえまない信仰心を実践に移すことで，あらゆる不安を追いはらい，つまりどのような懲罰の意図もなく，ただ真実と正義を目的として，彼らがイエス・キリストに対してもっている純粋な愛によって，彼らがイエス・キリストに気に入られることで得るなぐさめによって，天使が天で神に仕えるように人間がこの地上で神に仕えるというこの完璧な愛に到達することを望んでいる。

兄弟たちよ。これらの崇高な格言は，さまざまな修道会の規律をつくった。それらの規律は，ひとつの水源，あるいはむしろかぎりない恩寵の深みから流れでる川のように，この偉大な戒律から生まれた。カルトゥジオ会，カマルドリ会，ヴァロンブローザ会，ケレスティヌス会やそのほかのたくさんの修道会の規律がそうである。なかでも，シトー会修道士はあらゆる点でこの偉大なる聖ベネディクトゥスの精神に従う重要な義務をみずからに課し，この点で，彼らはまったく申し分がなく完璧なので，昔の隠者たちも，時代的に前だったという点以外で，彼らとくらべてすぐれているものはない。

修道院の地位が低下していくなか，彼らは暗い夜に輝く星のように威厳を示している。それは，まったく予期していなかった輝きで世界を満たしている。彼らは教会を，まったく新しい美しさで飾っている。彼らは教会を神聖な

ものにし，彼らの神聖さの功績と評判によって，途方もない未開の地方や国々まで，神は祝福をおあたえになっている。

ランセ

『荒野の孤独』(1685年)

平原と森のなかを数日間さまよったあと，この信心深い一行は，恐ろしい谷の真ん中にやってきた。そこは，この地方で盗賊の隠れ家とされていた場所で，「ニガヨモギの谷」と呼ばれていた。おそらくそれ

⇩畑仕事をするトラピスト会修道士

は，ニガヨモギがたくさん茂っていたからか，ひんぱんに殺人が起きていた場所だったからだと思われる〔ニガヨモギは死を象徴する植物とされていた〕。

彼らはここにとどまることにしたが，付近の住民にはまったく役に立たない場所だったので，簡単にこの土地を手に入れることができた。ここは深い森におおわれ，四方を山でかこまれていたため，隠遁生活を送ろうとしていたこの聖なる一行にきわめてふさわしい，非常に人けのない住まいとなった。彼らは木を切り，モレームやシトーに建てた小屋と同じように，質素な住居をつくった。

J・F・ブルゴワン・ド・ヴィルフォール
『西ヨーロッパの荒野での聖なる修道士たちの生涯』（1708年）第2巻
クレルヴォーの設立

われわれは，〔フランス南東部の〕カヴァイヨンから3リュー〔約12キロメートル〕しか離れていないシトー会のセナンク修道院まで行った。そこは恐ろしく人けのない場所で，驚くべき高さの乾燥した未開の山々にかこまれていた。

マルテーヌ&デュラン
『サン・モール会のふたりのベネディクト会修道士の文学的な旅』（1717年）
セナンクへの旅

7 ロマン主義の作家たちが見たシトー会

中世のあらゆる建造物に魅了されたロマン主義の作家たちは，必ずしもシトー会修道院の建物だけを独自のものとしてとらえたわけではなかった。イギリスの作家ウィリアム・ベックフォードは，ポルトガルのアルコバサ修道院をイギリスのグラストンベリー修道院とほとんど同じ美食の聖堂だと考えた。その豪華さは，イギリスのフォントヒル修道院のゴシック・リヴァイヴァル建築〔中世ゴシック様式を復興した建築〕に着想をあたえることになった。

フランスの作家シャトーブリアンは，ラ・トラップ修道院にクレルヴォー修道院を重ねあわせた。17世紀の隠者たちのイメージは，20世紀になっても依然として文学のなかに登場する。

⇧『フォントヒル修道院の眺め』T·ハイアム

私は一刻も無駄にすることなく，〔ポルトガル王〕ペドロ1世と彼の愛妾だったイネスが埋葬されている礼拝堂に行った。きわめて荘厳な建築物の真ん中にあるこのおごそかな礼拝堂まで届く光は非常にかすかで，やわらかでおぼろだったため，この墓の複雑な彫刻をかろうじて見わけることができるだけだった。この墓は，構想と実際の出来栄えの両方から，豪華な石の透かし彫りやたくさんの彫像で飾られた〔イギリスの〕ウォリック伯ボーシャンの墓を思わせた。

このような品々を見れば，どうしてもロマン主義的な印象を受けてしまうもので，あれこれと空想のおもむくままに感動に打ちふるえていると，3人の上位修道士が連れだってやってきた。

「厨房（ちゅうぼう）へどうぞ」

と，3人は同時にいった。

「すぐに，厨房へいらしてください。丁重におもてなしする準備が整っていることをご覧いただけます」

このような誘いの言葉には，とても抵抗できなかった。3人の上位修道士は，ヨーロッパでもっとも見事な美食の聖堂への道を示した。最盛期のグラストンベリー修道院が，おそらくこのようだったと思われるが，本当のところはわからない。しかし，フランスでもイタリアでもドイツでも，調理を目的とする空間がこれほど巨大な現代の修道院を，私はひとつも目にしたことがなかった。威厳に満ちたアーチ形天井があり，直径60フィート〔約18メートル〕はくだらないこの広々した部屋の中央には，非常に澄んだ小川が堂々と流れている。この小川は，あらゆる種類，あらゆる大きさの立派な川魚を入れておく，木でできた養魚池に注ぎこんでいる。

部屋の片隅には，たくさんの野禽獣肉が積まれていた。別の片隅には，さまざまな野菜や果物が置かれていた。長いかまどの向こう側にはパン焼きがまがあり，その近くには，雪より白い小麦粉の山，砂糖のかたまり，純粋な油が入った壺，大量の焼き菓子が並んでいた。

大勢の助修士とその助手たちが，小麦畑のヒバリのように上機嫌で歌を歌いながら，生地をのばしたりふくらませたりして，さまざまな形の菓子をつくっていた。

私の従僕たちと，ふたりの上位修道士の従僕たちがそこにいて，歓待の準備を見て大喜びしていた。まるで，ガリラヤのカナの婚礼〔聖書のなかで，イエス・キリストが最初の奇跡を起こした〕に出席したばかりのように，感動で顔を赤らめ，満足していた。

「そうです」

と，修道院長がいった。

「われわれは空腹で死ぬことはないでしょう。神からの贈り物はとても大きいので，われわれは食べることを楽しまなければなりません」――（ついでにいえば，恐ろしく憂鬱な修道院のテーマとはまったく対照的な歓喜の歌声は，非常に甘美なものだった）

「1時間後に夕食です」

と，院長がつづけた。

「その前に，お部屋にご案内します。壁はむき出しのままです。今朝，ご到着のことをうかがったのが遅かったので，美しい壁布を掛ける時間がありませんでした」

ウィリアム・ベックフォード
『アルコバサとバターリャの思い出』
（1794年）

イギリスに戻ると，ウィリアム・ベックフォードは森と庭園からなる広大な領地に，ゴシック・リヴァイヴァル建築の主要な建物のひとつであるフォントヒル修道院を建設した。

ラ・トラップ修道院には，土地の起伏と共に切れ目なくつづいている池が形づくる水の流れ以外の小川はなかった。また，池の下手以外の草地もなかった。空気は，死のうとしている人間にしか耐えられなかった。もやが谷から立ちのぼり，谷をおおっていた。

ラ・トラップ修道院長ランセはド・ギーズ夫人に，次のように書き送っている。

「自分の年齢と住んでいる場所の空気の不都合から，抜けだすことは困難です。それだけが，この地方で不足している状況です。神は，われわれをここに置かれることを望まれました。神は，われわれがここで病気になることをよくご存じです。どこ

で生きようが，いずれは死ぬ運命なのですから，どうでもいいのです」(略)

ラ・トラップ修道院長の回廊に刻まれた聖ベルナルドゥスの言葉について，〔18世紀フランスの詩人〕デュシーは，次のような美しい詩を書いた。

幸福な孤独，
唯一の幸福，
あなたの魅力は，なんと甘美なことか！
世界中のあらゆる幸福から，
洞窟の奥深くで，
私はもはや，あなたしか望まない。

広大な帝国が崩壊し，
私の墓は遠くにあり，
意味のない騒音が消えていく。
そして王たちが集まり，
王権を象徴する杖，
荒野のイグサが震える。

修道院長ランセが自分の修道院の改革に着手したとき，修道士たちはすっかり落ちぶれていた。すでに7人になっていた彼らは，豊かさあるいは不幸によって堕落していたのである。

シャトーブリアン
『ランセの生涯』(1844年)

8 ふたたび原点に戻る

19世紀末フランスの作家ユイスマンスは，ラ・トラップ修道院をシトー会の完成したモデルとみなした。しかし彼は，伝統的な擁護論を展開するのではなく，改宗したばかりのキリスト教徒が，視覚，触覚，聴覚，あるいは嗅覚でとらえたことを表現しようとした。そこには修道院生活の幸福な側面が描かれているが，それは現代の世俗社会があこがれる対象としてのシトー会に対する熱狂を示したものである。

いまなおシトー会のモデルは大きな影響力をもっている。だがそのモデルを讃美する環境保護論者や建築家の多くは，根源にあるキリスト教とは距離を置いている場合が多い。

「修道院がどのように設立されるかは，ご存知でしょう。たとえば，われわれの修道会を例にあげましょう。修道会が開拓するという条件で，建物と土地が提供されます。どうするかといえば，修道会が少数の修道士を選んで，あたえられた土地に移住させます。しかし修道会の仕事は，それで終わりです。まかれた種は，自力で芽を出さなければなりません。いいかえれば，トラピスト会修道士たちは母修道院から切りはなされて，みずから生計を立て，自活しなければならないのです。

そういうわけで，われわれがこれらの建物を手に入れたときは，非常に貧乏で，パンから靴にいたるまで，すべてのものが不足していました。しかし，将来に対する不

⇨『ラ・トラップ修道院の眺め』
A・ボードゥアン

安は少しもなかったのです。なぜなら，修道院の歴史のなかで，神がご自分を信頼する修道院を救済なさらなかった例はひとつもないからです。

少しずつ，われわれはこの土地から食物を得られるようになりました。役にたつ仕事も覚えました。いまでは衣服も靴も自分たちでつくっています。麦を刈り，パンを焼きます。つまり物質面での生活は保証されています。しかし税金が重くのしかかっているので，この工場を建てました。収益は，年々上がっています。

1～2年もすれば，われわれが住んでいる建物は，お金がなくて修理できないので倒壊してしまうでしょう。しかし，神の思し召しで気前のよい人びとの援助があれば，新しい修道院を建てることができるかもしれません。それが，われわれ全員の願いなのです。実際，部屋が離れ離れで，礼拝堂はあずまやのようなこの荒れはてた建物は，耐えがたいですから」

修道院長はまた口をつぐみ，しばらくしてから，ひとりごとのように小声でいった。

「これは否定できないことだと思うのですが，立派な回廊がない修道院は，天職の妨げになります。修道志願者は——当然のことながら——気をそそる環境で修業をし，自分をつつみこんでくれる教会や，薄暗い礼拝堂のなかで元気づけられなければなりません。そのためには，ロマネスク様式やゴシック様式が必要なのです」

「ええ，そのとおりでしょう！　ところで，修練士は大勢いるのですか」

「トラピスト会修道士の生活を体験したいという人は，大勢います。しかし，その大半がわれわれの制度に耐えられなくなるのです。志願者の天職に対する神のよびかけが想像上のものなのか実際のものなのかを知ること以外に，肉体的な適性も，2週間すればはっきりわかります」

「野菜だけの食事では，どんなに丈夫な体質の人でも，弱ってしまうでしょう。あなたがたは活動的な生活をなさっているのに，どうしてあんな食事で耐えられるのか，私にはわかりません」

「実際は，魂が決然としていれば，肉体はそれに従うのです。先人たちは，トラピスト会修道士の生活に耐え忍んできました。こんにち不足しているのは，魂です。私は，シトー会のある修道院で修練期を送ったときのことを覚えています。あまり健康ではなかったのですが，必要とあれば，石でも食べたかもしれません」

院長はつづけた。

「それに，まもなく規則が緩和されるはずです。しかし，いずれにせよ，修道士が足りなくなっても，大勢の志願者が見込める国があるのです。オランダですよ」

デュルタルの驚いた顔を見て，院長はいった。

「そうです。あのプロテスタントの国では，神秘主義の草木も生い茂っているのです。オランダでは，カトリック教徒は迫害とまではいいませんが，少なくとも軽蔑され，大勢のルター派〔プロテスタントの中心的な教派〕のなかで埋もれているだけに，よりいっそう信仰に熱心なのです。おそらく，人里離れた平野や静かな運河といった土地の性質や，規則正しい平和な生活を好むオランダ人の気質にも関係しているのでしょう。このカトリックの小さな核のなかには，シトー会の天職を自覚する人びとが多く見られます」

デュルタルは，頭にフードをかぶり，両手をベルトの下に入れて，ゆっくりとおごそかに歩いていくこのトラピスト会修道士を見ていた。

時々，フードのなかの目が光り，アメジストの指輪がきらきら輝いた。

物音ひとつしなかった。この時間，ラ・トラップ修道院は眠っていた。デュルタルと院長は，大きな池の縁に沿って歩いていた。眠りに落ちた森のなかで，その池の水だけが目をさまし，息づいていた。雲ひとつない空で輝く月が，数えきれないほどの数の金色の魚を池に放っていた。月から落ちたこの輝く稚魚は，何千もの炎となって，上下に動き，飛びはね，風がその光をよりいっそうかきたてていた。

院長はもうなにもいわず，夜の心地よさに陶酔し，夢想にふけっていたデュルタルは，突然うめき声をあげた。彼は，明日のいまごろにはパリにいることを思いだし，暗いトンネルの向こう側のように，並木道の奥にぼんやりと浮かびあがっている修道院の正面を見ながら，そこに住んでいる修道士たちのことを考えて，大声をあげた。

「ああ，なんて幸せな人たちでしょう！」

院長は答えた。

「幸せすぎます」

それから，静かに小声でいった。

「しかし，本当のことなのです。われわれは修行をするために，みずからを痛めつけるためにここに入りました。それなのに，たいして苦しまないうちに，神はもうわれわれをなぐさめてくださるのです。神は非常に善良で，ご自身のほうからわれわれの価値を実際よりも高く評価なさろうとしています。ときには悪魔がわれわれを迫害することを黙認なさいますが，褒美と罰が釣りあわないほど多くの幸せをくださるのです。そのことを考えると，時々私は修道士や修道女がいまだにこの釣りあいを保たなければならないとされていることに，疑問を感じるのです。なぜなら，われわれは誰ひとりとして，都会につきものの罪を相殺するほど苦しんではいないからです」

ユイスマンス

『出発』(1895年)

彼自身の言葉を借りれば，恐ろしく広大な人気のない土地にクレルヴォー修道院を設立してから3年後，もっとも有名なシトー会修道士である聖ベルナルドゥスは，「道端にあるらい病患者の隔離小屋に似た小屋のなかで」病床についていたと，彼の友人であるサン＝ティエリのギヨームは証言している。

またサン＝ティエリのギヨームは，ル・モン＝ディユ修道院のカルトゥジオ会修道士たちにあてた手紙のなかで，こう書いている。

「滞在するための家を建てるのではなく，テントを立てて，家は捨てましょう。隠者には，木の枝でつくり泥土を塗った小部屋をつくるだけでじゅうぶんです」

信仰よりも強い愛があっても，このような思いきった試みは長くつづかなかった。聖ベルナルドゥスが亡くなってから35年後，クレルヴォー修道院は，回廊，大寝室，食堂，作業所，長さ100メートル，幅30メートルの3つの身廊がある教会をもち，400〜500人の修道士と助修士が生活する，神の町となった。大聖堂の内陣のように明るく大きな内陣をもつその教会は，人里離れた洞窟のイメージからはかけ離れ，石からパンをとりだし，荒野で収穫を得る誘惑に屈していた。

シトー会創設から約1世紀後，エルマン・ド・フロワモンという人物は，仮の建物のことなどもう話題にもせず，「将来のための建物」について語っている。もっとも彼は，次のようにもいっている。

「絶対に欠かせないものなど，なにひとつない。絵画も，彫刻も，収穫物の貯蔵庫の重みを支えるための太い円柱も，火災から守る石の壁も」

しかし，早くも13世紀末に，修道院長のジュストは総会で，シトー会修道院の建築物に関して，聖ベルナルドゥスの考えを非難した。

「われわれの建築物の過剰な部分を，誰が見るというのか。見たとしても，誰が眉をひそめるというのか。芸術に属する部分に関しては，ダイダロス〔ギリシア神話に登場する名匠〕の発明のようだといわれるはずだ。大きさに関しては，巨人が建てたと思うだろう。費用については，ソロモン〔巨万の富を築いた古代イスラエルの王〕が必要だったに違いないと考えるはずだ」

これが聖なる建築史における，そしておそらく神の歴史におけるシトー会の悲劇である。神のために建てていると信じこむほどまで常軌を逸したとき，人間はこのようなことを経験しようとする。創設後100年ほどの初期のシトー会建築は，その簡素さそのものによって，悲劇的なほど狂気と正反対のものでなかったら，これほど感動的ではなかっただろう。狂気と正反対のものは簡素さをもたらすが，純粋さとはいわないまでも荒々しさ，つまり荒野の狂気は保ちつづけている。

この建築の美しさは，神秘的で空想的な「芸術の神聖さ」から偶然生まれたのではない。それどころか，芸術の拒絶と，戒律の言葉に従い，荒野の精神に忠実でありつづけるため，比率，開口部，全体図に関する厳しい制約から生まれたのである。

この建築の美しさは，隠遁と規律という相反するふたつの理念が石のなかで調和したものである。このふたつの理念は，神秘的で政治的な建築物を建て，たえず未開の土地を征服しつづけるという夢をいだいていた開拓者や冒険家たちをたえず魅惑しつづけてきたひとつの言葉，つまりは荒野の秩序という言葉に結びつけることができる。(略)

光には誘惑がある。光は幻影，幻覚，幻想に好意的で，人里離れた場所で生活する隠者たちは，そのことをかなり多く経験した。いいつたえによれば，初期のシトー会修道士たちは満腹状態で眠れくなったり，消化不良の悪夢を見たりしないよう食物を控えめにしたように，詩編集が朗読される際に気が散らないよう光も控えめにしたという（教会の内陣でさえ，本を読むのが難しいくらい照明は暗かった)。

しかし，シトー会修道士たちが荒野の静けさにもっとも近い雰囲気を味わえるのが，この夜の闇のなかで行なわれるミサなのである。彼らは暗闇のなかで歌を歌い，修練士たちにはまず最初に詩編集を暗唱することが求められる。

そして，彼らが「ベッドと夜の時間の秘密のなかで」完全に隠者となるのは，睡眠時である。完全な静寂が支配する隠者の夜は，ほんのわずかなランプしかともされない。大寝室と教会の2箇所は固定されたランプが置かれ，礼拝堂，回廊の扉，図書館，集会室，暖房室の壁のくぼみには可動式のランプが置かれる。

食堂は特別に，しっかりと明かりがともされる。なぜなら戒律によれば，神の光の恵みである食物に敬意を表して，食事はつねに明かりに照らされた状態でとらなければならないからである。

小さなオイル・ランプや，匂いのきつい羊の脂でつくられたろうそくの光が，壁やアーチ形天井の巨大な影のなかでところどころゆらめき，修道士たちの行く手を照らす。静けさはより深まり,孤独はより甘美に，あるいはより恐怖になる。そして，むき出しの石を輝かせる夜明けの最初の光という，毎日の奇跡がよりいっそう待ち遠しく思われるのである。

F・カリ『シトー会』

以下は，20世紀の建築家が，ル・トロネ修道院工事監督の日記という形で書いた小説である。

聖霊降臨の主日〔復活祭後の第7日曜日〕

このあたりには，立派な木が少ない。われわれの修道院に，あまりお金がないのと同じだ。ベルナールは，フレジュス〔ル・トロネ修道院より東に位置する，司教座聖堂がある町〕への旅の準備をしている。われわれはあまりにも貧乏なので，資材を恵んでもらわなければならない。修道院長は，司教の気前のよさよりも，神の助けのほうをあてにしている。

石を切るので，つるはしが傷む。鍛冶場をつくろう。8人の兄弟が採石場にいるが，まもなく本物の職人のように石の角を削ることができるようになるだろう。彼らは上手に石が切れるし，よい学校で学んでいる。内側の仕上げ面や刳形（くりかた）〔部材をくりぬいて曲面にした部分〕については，すべてを知っている。

石の大半は，大ざっぱに粗く削ることにしよう。そうすれば，時間が節約できる。太陽が石の粗い面に反射して，きらきらと宝石のように輝くだろう。石の角や平らに仕上げられた接合部が完璧に見え，地味だが複雑で見事な石積みによって，しっくいの表面では絶対に出せない，簡素な網目模様ができるだろう。

聖ノルベルト，6月6日

巨匠たちがつくる大聖堂，巨大な鐘楼を飾る石の透かし彫り，見事な彫刻や宝石で彩色模様が描かれたきらめく広い窓のある修道院は，あきらかに豪華な建築物である。

豊かな人間は，それを見せびらかし，あたえることが必要だ。貧しいものは，恩恵を受け，敬服することを好む。シトー会修道士にとってよいものも，世俗の社会や修道院に属さない聖職者たちにとってはよいものではない。ローマ教皇は黄金の冠をかぶるのがふさわしく，下層階級の人びとは自分の教会のステンドグラスを誇らしく思う。母親と子どもは，それに見とれる。父親は，そこから力を得る。老人はひれ伏して，ほほえみながらおだやかに最後の祈りを捧げる。このように，人びとは聖書をしっかり学ぶのである。

彼らの喜び，彼らの信仰の維持は，助任司祭の味気ない解説より，敬虔な気晴らしによることのほうが多い。想像力は，退屈な言葉よりも実際に見たものによって，よりいっそう養われる。表現力に富んだ吟遊詩人のような助任司祭は，群衆を魅惑し，彼らを納得させ，彼らをよい状態に保つ。ステンドグラス職人や彫刻家も，同じことをしているのではないか。

大理石のキマイラ〔ギリシア神話に登場する怪物〕，田園詩あるいは聖書に登場するさまざまな場面，白いあごひげを生やした王たちは，洗礼者ヨハネ，やさしい聖母マリアと天使，死装束を着たラザロ，奇跡的な漁，イエス・キリストの復活，族長アブラハム，兄たちに売られるヨセフ，ヤコブのはしご，エジプトへの避難，証人たちを追いはらうイエス・キリストの怒り，大天使の堕落，陰鬱な煉獄（れんごく）〔天国と地獄のあいだの場所〕，地獄に落ちた人びと，音楽好きの天使たち，われわれの神秘，われわれの歌が，赤や青の地に黒の輪郭で描かれた輝くステンドグラスと同じである。

それらのどこが悪いのか。祭壇の黄金と同じく，悪いことなどない。何人もの助修士が，これらの装飾のおかげで神からのよびかけに答えて使命の扉を開き，いまここにいる。

厳格な規律と神秘に対する信仰心は，〔聖書に登場する〕マルタとマリアのようなふたりの姉妹である。なぜなら，ふたりはふたりで一対だからだ。マルタは活動，貧しさ，謙遜で，マリアは瞑想，熱愛である。マルタは給仕し，洗う。マリアは香油を注ぐ。マルタは試練を必要とし，マリアは信頼を必要とする。マルタの前でマリアをほめたことで，イエス・キリストはふたりに喜びをあたえたのである。

聖ルカ，10月18日

私はアルファであり，オメガである。最初のものにして,最後のもの。はじめであり,終わりである。

(聖ヨハネ『黙示録』)

そして，この回廊にはイエス・キリストがいる。

図面は，川の流れに沿って引かれる。始点は泉で，泉は終点である。噴泉室の張出しが,すべての構造に影響をあたえる。六角形，線の構成，中心軸，対角線，規格化された建築材料，装飾アーケードが，はじめであり，終わりである。回廊は，これらの母なる源で，行きつく先でもある。

泉の張出しは補足で，つけ加えられたものだが，その形と大きさの自由が，すべての比率を決定した。アルファとオメガ。テーマは,ずっと前から決まっていた。私は,最初はあやしげだった図面が，浄化され，霊感をあたえられたものになることを望んだ。不揃いな角の産物で，変則的な底面のおかげで見いだされ,生じた六角形から,私はくりかえし調和するものを増やし，考察を重ねて，それらが一致するようにした。私は，何世紀ものあいだ，神とイエス・キリストの象徴が回廊となることを望んでいる。いつの日か必ず，1羽のハト〔聖霊の象徴〕が……。

ベルナール！　よく覚えておけ。実行するときには図面を少しも変えてはならない。どこまでも厳格に，綿密であれ。図面が破壊され，作業所が略奪されたときのために，次のことを暗記しておけ。

回廊は，ふたつの直角とふたつの余角〔ふたつの角の和が直角のとき，一方の角を他方の角の余角という〕からなる。対角線は，六角形のふたつの辺に並行する。噴泉室の南の開口部の中心軸を始点とし,対角線の交点と交わる直線は，まず東の歩廊に並行し，次に，南の歩廊の西から東に数えて3番目の装飾アーケードの中心軸に達する。

南の同じ開口部と張出しの中心軸は，まず西の歩廊に並行し，次に，南の歩廊の東から西に数えて3番目の装飾アーケードの中心軸に達する。南東の開口部と南西の開口部の中心軸で張出しを横切る2本の直線は，北の歩廊から東と西の歩廊に向かって4番目の装飾アーケードの中心に達する。北の歩廊の4つの装飾アーケードの位置は，噴泉室から見て左右対称で，噴泉室の小さな円柱でできたふたつの開口部から北西と北東の方向にある。もっと正確には，小さな円柱でできた開口部のそれぞれの中心軸が，噴泉室の両側にある装飾アーケードの真ん中に達する。

そしてとくに，忘れてはならない。回廊は必要度がもっとも低いので，最後に建設される部分になるだろう。死が近いことを感じたら，私がおまえに残すものを，ほかの人間に伝えよ。それ以外の図面はみな，おまえがよく知っているもので，とくに教会については，おまえの記憶をもとにいつでも再現することができると確信している。

生きている泉を始点として，誰の視線も神とイエス・キリストの存在を知るだろう。かすかな音を立てる16の泉があるこの光り輝く洞窟で，歩廊は薄明かりと対照的な強い光の前庭である。太陽の神秘が，水の神秘に先だつ。どっしりした円柱，太い柱，象徴的な円形の窓が，かぎりなく多様な光の斑点を透きとおし，浮かびあがらせる。痛ましいほど写実的で，さまざまな形の抽象性をもつこの重々しい透かし彫りは，イエス・キリストの受難の表現なのである。

F・プイヨン

『粗い石』(1964年)

クチュリエ神父からル・コルビュジエへの手紙

パリ，1953年7月28日

拝啓

ル・トロネ修道院に行かれて，あの修道院がお気に召したのならよいのですが。あの修道院は，どんな時代でもそう建てられるべき修道院の本質そのもののように思えます。共同生活のなかで沈黙と内省と瞑想にふける人間は，時代が変わってもそれほど大きく変化しないからです。

伝統的な図面にもとづけば，回廊をかこむ4辺にそれぞれ建物を設計しなければなりません。ひとつめは正面の教会，ふたつめは食堂（ル・トロネ修道院では倒壊しています），3つめは集会室，4つめはふたつの大きな談話室です。2階には，大きな図書館が必要です。そのほかの部分には，修道士の個室と，少し大きめの部屋をいくつかつくらなければなりません。

しかし，ご一緒に1時間か2時間をル・トロネ修道院で過ごすことができたなら，このように面倒なご説明をしなくてよかったのにと思うと，残念でなりません。簡単なスケッチを何枚か同封しますので，ご覧いただければ，申しあげたいことをだいたいご理解いただけるはずです。

ル・トロネ修道院で，大寝室として使われているアーチ形天井のある2階の大きな部屋にお気づきになったことでしょう。ドミニコ会修道院には大寝室はなく，小さな

個室がたくさんあり，そこでわれわれはほとんどの時間を過ごします。

これらのメモやスケッチが，あまりうまくないことをお許しください。ご存知の通り,手の状態がよくないのです。さしあたり,すぐに図面を引いていただくより，設計の内容をじっくり考えていただくほうがよいと思います。

この計画にあなたを引きいれることができたのは，私の人生の大きな喜びのひとつになるはずです。あらかじめ申しあげておきますが，これは貧しいながらも現代でもっとも完璧で重要な作品のひとつになるでしょう。私と同じく，あなたもご満足で

あることを望みます。

御本の第5巻をお送りいただき，ありがとうございます。どれもがすばらしく，感動しました。その一方で，愚かなものたちのせいで，これほどすばらしい機会を逃したことを，腹立たしく思います。

奥さまにも，よろしくお伝えください。

敬具

クチュリエ神父

『ル・コルビュジエの修道院』所収

シトー会に関連する簡易年表（本書の記載に基づいて作成）

年	おもな出来事
6世紀	聖ベネディクトゥスがモンテ・カッシーノ修道院を設立し，この修道院のために『戒律』を執筆した。
1054	東方教会と西方教会が分裂する。
1073～85	ローマ教皇グレゴリウス7世が「グレゴリウス改革」と呼ばれる教会改革を行なう。
1075	理想的な修道生活を送るため，聖ロベールがモレームの森に移り，修道院を設立する。
1076	エティエンヌ・ド・ミュレがフランス中部のミュレに修道院を設立する。
1098	モレーム修道院長聖ロベールが，フランス東部のディジョンに近い場所に「新修道院」を設立。この修道院が後のシトー修道院となる。
1112	ベルナルドゥスが家柄のよい30人の仲間を引き連れ，シトー会へ入会する。
1113	シトー修道院がラ・フェルテ修道院を設立する。
1114	シトー修道院がポンティニー修道院を設立する。
	シトー会の文書である『愛の憲章』の最初の版が，このころに書かれたと思われる。
1115	シトー修道院がクレルヴォー修道院を設立（初代修道院長は聖ベルナルドゥス）する。同年，シトー修道院がモリモン修道院を設立する。
1119	シトー会修道院での農奴の所有や10分の1税のとりたてが禁止される。
1120	イタリアではじめてのシトー会修道院であるサンタ・マリア・ディティリエート修道院が設立される。
1130	このころ，シトー会とクリュニー会の間で，修道生活のありかたをめぐる論争が繰り広げられた。
	聖ベルナルドゥスがテンプル騎士団にあてて『新しい兵士団の讃美』を書く。
1133	モリモン修道院がアルテンベルク修道院を設立する。
1134～35	オルデリクス・ヴィタリス修道士が『教会史』を著わす。
1146	聖ベルナルドゥスがエルサレムに向かう十字軍に説教を行なう。
1147	サヴィニー会やオバジーヌ会などがシトー会の傘下に入る。
1152	総会で，過剰な装飾を規制し，ベルナルドゥス様式に従った装飾や建築物を制作する決まりが成文化された（1202年，1257年と続く）。
1157	総会の議決で，建築技術をもつ修道士や助修士を，世俗の建築物を建てるために派遣することを禁止する。
1205	ポンティニー修道院の付属教会のタイルがシトー会の清貧の原則を軽視しているという理由で，総会でポンティニー修道院長が非難される。

1210〜20年代	総会が提示した一定の条件を満たした上で，分益小作制度が認められるようになる。 このころ，フランシスコ会，ドミニコ会など托鉢修道会が誕生，発展する。
1224	神聖ローマ皇帝フリードリヒ2世が，城の改修のためにシトー会の助修士の派遣を求めたが，シトー会が拒否する。
1230	年に1回，シトー修道院のすべての修道院長を集めて行なう総会から，女子修道院長が外される。
1250	総会に参加すべき修道院長の数が647人に上ったとされる。
1262	修道士と助修士が小作人として土地を耕すことが認められる。
1269	修道院間でのグランギア（付属農場）の売却が処罰の対象となる。1281年にも同様の決議がなされたが，売却などの行為は日常茶飯事となり，問題視されなくなる。
1445	総会で，グランギアの売却などに関して「あまりにも違法な行為」が禁止される。
1453	ビザンティン帝国（東ローマ帝国）の首都コンスタンティノープルがオスマン帝国の攻撃により陥落する。以降，東方に広がったシトー会の影響力が低下していく。
1505〜32	アルテンベルク修道院が聖ベルナルドゥスの生涯と奇跡を描いた100枚近くのステンドグラスを制作する。
1514	総会に出席した修道院長の数が17人にまで落ちこんだとされる。
1526	ハンガリー軍がオスマン帝国軍に敗れ，ハンガリーにおけるすべてのシトー会修道院の活動が停止された。
17世紀後半	ラ・トラップ修道院ランセが改革運動を行ない，のちに厳律シトー会（トラピスト修道会）として発展。 ランセが『聖ベネディクトゥスの戒律に関する省察』を著わす。
1776	ド・ラ・ランド作『フランスのシトー会修道院の系図』がルイ16世に献呈される。
1790	前年に起こったフランス革命によって，フランスでは修道会が廃止される。シトー会に属する施設も閉鎖されたが，その後シトー修道院などは復興し，現在も活動を続けている。

INDEX

INDEX

な

は

ま

や

ら

わ

出典(図版)

【表紙】

表紙◉ブヌヴィル『フラランン修道院付属教会の縦断面図』(部分) 水彩画 1887年 パリ 文化遺産図書館

背表紙◉オリゲネス『説教集』 カンブロン写本 1163年 ロンドン 英国図書館 補遺写本15307 1頁裏(部分) 単色の頭文字

裏表紙◉『聖人伝』 シトー会写本 12世紀初頭 ディジョン 市立図書館 写本641 9頁裏(部分)

【口絵】

5◉女性の治療師を拒絶する病気のベルナルドゥス アルテンベルク修道院にあったステンドグラス 16世紀 シュルーズベリー セント・メアリー教会

6◉言い寄ってきた若い女性を拒絶するベルナルドゥス アルテンベルク修道院にあったステンドグラス 16世紀 ケルン シュニュートゲン美術館

7◉言い寄ってきた婦人を拒絶するベルナルドゥス アルテンベルク修道院にあったステンドグラス 16世紀 アーヘン ルートヴィヒ・コレクション

8◉雨のなかで書かれた手紙の奇跡 アルテンベルク修道院にあったステンドグラス 16世紀 シュルーズベリー セント・メアリー教会

9◉ハエの奇跡 アルテンベルク修道院にあったステンドグラス 16世紀 シュルーズベリー セント・メアリー教会

10◉ベルナルドゥスと,さいころ賭博をしていた修道士 アルテンベルク修道院にあったステンドグラス 16世紀 ケルン シュニュートゲン美術館

11◉ベルナルドゥスの死 アルテンベルク修道院にあったステンドグラス 16世紀 サンフランシスコ 個人蔵

13◉ラフィレ『シルヴァネス修道院付属教会の断面図』 1908年 パリ 文化遺産図書館 M.H.5026(部分)

【第1章】

14◉アルテンベルク修道院のグラドゥアーレ(ミサ聖歌集) 写本 15世紀 デュッセルドルフ 州立図書館 D19 1頁表

15◉ダフニ修道院(ギリシア) 全能者キリスト モザイク

16上◉ルブラン『ポンティニー修道院の図面』 ペン,墨,水彩 1853年 パリ 文化遺産図書館 M.H.3469

16下◉アルコバサ修道院(ポルトガル) 修道院付属教会の南側廊

17上◉ジャーポイント修道院(アイルランド) 回廊

17下◉ヴィラール・ド・オヌクール『画帖』 写本 13世紀 国立図書館 フランス語写本19093 17頁表 ヴォーセル修道院付属教会の後陣の図面

18◉ポブレー修道院にある歴代のアラゴン王の墓 A・ド・ラボルド『スペインへのピトレスクな旅』 パリ 1815年 国立図書館 版画

18/19◉シトー修道院にあったフィリップ・ポの墓 ルーヴル美術館 彫刻部門

19上◉アルコバサ修道院(ポルトガル) イネス・デ・カストロの墓

20上◉上空から見たグルナード=シュル=ガロンヌ(オート=ガロンヌ県)

20下◉ゼーリゲンタール女子修道院長,H・ヘックルの牧杖 フェリックス・ドライスィヒ修道士が制作したもの メッテン 1741年 ランツフート(ドイツ) ゼーリゲンタール修道院

20/21◉ポブレー修道院領の図面 水彩 18世紀 ポブレー修道院資料室

22◉アルコバサ修道院(ポルトガル) 聖遺物箱

23上◉フュルステンツェル修道院(ドイツ) 図書館

23下◉コプジュヴィツァ(ポーランド) 修道院付属教会の正面

24上◉ル・トロネ(ヴァール県) 噴泉室の立面図と断面図,回廊の断面図 フェルナン・プイヨン『粗い石』による パリ 1964年

24下◉リゴー『ランセの肖像』 カンバスに油彩 ソリニー=ラ=トラップ ラ・トラップ修道院

25◉ル・トロネ修道院(ヴァール県) 修道院付属教会の南袖廊

出典(図版)

【第2章】

26◉カルロ・チニャーニ『聖ベルナルドゥスに「戒律」を手渡す聖ベネディクトゥス』（部分） カンバスに油彩 1751年 ブリジゲッラ（イタリア） サン・ベルナルド修道院

27◉シモーネ・デイ・クロチフィッシ『聖ベルナルドゥス』 木に描かれた絵画 ボローニャ 国立絵画館

28◉グランモン修道院にあったリモージュ七宝 12世紀 エティエンヌ・ド・ミュレと隠者 パリ クリュニー美術館

29◉13世紀イタリア画派『聖ベネディクトゥス』 フレスコ画 スビアーコ（イタリア） サクロ・スペーコ

30◉通称，モレームの聖ロベールの牧杖 金メッキされた銀 ディジョン美術館

31◉ヴァンサン・ド・ボーヴェ『歴史の鑑』 写本 15世紀 シャンティイ コンデ美術館 写本722 209頁裏 シトー会に入るベルナルドゥス

32◉聖大グレゴリウス『ヨブ記注解』 シトー 1111年 ディジョン 市立図書館 写本170 20頁表（部分） 頭文字「M」

33◉聖ヒエロニムス『エレミヤ書注解』 写本 サン=ヴァースト=ダラス修道院 1125年ころ ディジョン 市立図書館 写本130 104頁表

34◉トスカーナ画派 1440年ころ 人里離れた場所で生活する隠者たちを描いた絵画（部分） チューリヒ美術館

35◉フィリッピーノ・リッピ『聖ベルナルドゥスの前にあらわれた聖母マリア』 カンバスに油彩 1480～86年フィレンツェ バディア・フィオレンティーナ教会

36/37◉パオロ・ウッチェロが描いたとされる絵画『隠遁地』 木に油彩 1460年ころ フィレンツェ アカデミア美術館

38◉病気の聖ベルナルドゥス ザンクト・アーペルン修道院にあったステンドグラス 16世紀 ケルン大聖堂

39◉アントニオ・テンペスタ『クレルヴォーの建設』 版画 1587年 『クレルヴォー修道院長ベルナルドゥスの生涯と奇跡』をもとにした作品 ローマ 1587年 図版14（部分）

40/41◉トマス・ガーティン『カークストール修道院の眺め』 水彩画 1800年 ロンドン 大英博物館

42/43上◉ヴィッシャー『トゥールの町の眺め』 版画 17世紀 国立図書館 版画室 Va37（部分）

42/43下◉フォンフロワド修道院（オード県） 全景

44/45上◉クレルヴォー修道院の図面 ドン・ミレーの絵をもとにしたルカスの版画 1708年 国立図書館 版画室 Hd137（部分）

44/45下◉南から見たクレルヴォー修道院の俯瞰透視図 ドン・ミレーの絵をもとにしたルカスの版画 1708年 国立図書館 版画室 Hd137（部分）

46/47◉ピーテル・プルビュス『レ・デューヌ修道院の図面』 カンバスに油彩 ブリュージュ グルートフーズ博物館

48◉エラール『修道士が住む建物の断面図と立面図』 水彩画 1853年 パリ 文化遺産図書館 M.H.16575（部分）

49左上◉フォントネー修道院（コート=ドール県） 集会室

49右上◉マウルブロン修道院（ドイツ） 回廊の噴泉室の外観

49右下◉マウルブロン修道院（ドイツ） 回廊の噴泉室の内部

50/51◉タヴェルニエ・ド・ラ・ジョンキエール『ウルスカン修道院の死者の部屋の眺め』 水彩画 1780年ころ 国立図書館 版画室 Ve36

51下◉ボーリュ=アン=ルエルグ修道院（タルヌ=エ=ガロンヌ県） 修道院長の墓石

【第3章】

52◉パシャーズ・ラドベール『エレミヤの哀歌注解』 シトー会写本 12世紀中ごろ ディジョン 市立図書館 写本68 1頁裏(部分) 単色の頭文字「S」

53◉ランセ『聖ベネディクトゥスの戒律に関する省察』 第3版 ブリュッセ

ル1704年
54上◉シトー修道院の印章の裏側　1616年　国立中央文書館
54/55◉ド・ラ・ランド『フランスのシトー会修道院の系図』　版画　18世紀　ディジョン　市立図書館
56/57◉フーケ『エティエンヌ・シュヴァリエの時祷書』(部分)　写本　1461年以前　シャンティイ　コンデ美術館
58左下◉聖大グレゴリウス『ヨブ記注解』　シトー　1111年　ディジョン　市立図書館　写本170　75頁裏（部分）　収穫を行なうシトー会修道士
58右上◉畑で祈る聖ベルナルドゥス　ザンクト・アーペルン修道院にあったステンドグラス（部分）　16世紀ケルン大聖堂
59◉イェルク・ブロイ『畑で祈る聖ベルナルドゥス』　ツヴェットル修道院（オーストリア）の祭壇画のパネル　1500年ころ
60◉ヴォロラン（オワーズ県）のグランギア　13世紀
61◉17世紀ポルトガル画派『修道士ルノーとシトー会修道士たちの前にあらわれた，聖母マリア，聖エリサベト，マグダラの聖マリア』（部分）　カンバスに油彩　アルコバサ修道院
62◉聖ヒエロニムス『ダニエル書注解』　シトー会写本12世紀初頭　ディジョン　市立図書館　写本1322頁裏（部分）　ライオンの洞窟に投げこまれたダニエル
63◉聖アウグスティヌス『詩編注解』　シトー会写本　12世紀初頭　ディジョン　市立図書館　写本145　60頁表(部分)　頭文字「A」
64/65下◉ル・トロネ修道院（ヴァール県）　回廊のアーケード
64上◉レポー修道院（サルト県）　骨組みの一部
66左◉フォントネー修道院（コート=ドール県）　回廊
66/67上◉アルンスブルク修道院（ドイツ）　柱頭　版画　19世紀
67下◉ヴィラール・ド・オヌクール『画帖』　写本　13世紀　国立図書館　フランス語写本19093　14頁裏（部分）　シトー会修道院の図面
68右上◉プルイイ修道院長の墓　ゲニエール作　国立図書館　版画室　Pe1o　非公開収蔵品
68左下◉クレルヴォーのベルナルドゥスの印章　1144年オーセール　ヨンヌ県文書館　H675
69左◉エラール『ヴォー・ド・セルネー（イヴリーヌ県）で保管されていた修道院長の墓石の図面』　水彩画　1852年　パリ　文化遺産図書館　M.H.16560
69右上◉フォントネー修道院領の境界石　17世紀
69右下◉プフォルタ修道院（ドイツ）の印章　版画　A·シュナイダー『シトー会』による　ケルン　1977年　622頁
70左◉エーベルバッハ修道院（ドイツ）にあったステンドグラス　12世紀末　ヴィースバーデン　ナッサウ考古学博物館
70右上◉『ラインの図案集』　ウィーン　オーストリア国立図書館　古文書507　11頁裏　抽象模様の見本
70右中◉ベーベンハウゼン修道院（ドイツ）にあった舗石
70右下◉ザンクト・ウルバン修道院（スイス）にあったテラコッタの模様の拓本　R·シュナイダー『ザンクト・ウルバンのシトー会修道院における中世のレンガ造りの建物とタイル』による　ベルン　1958年　図31
71左◉リーヴォー修道院（イギリス）にあった舗装のモザイク　ロンドン　大英博物館
71右◉オバジーヌ教会（コレーズ県）のステンドグラス　12世紀

【第4章】

72◉セナンク修道院（ヴォクリューズ県）　後陣の眺め
73◉聖大グレゴリウス『ヨブ記注解』　シトー　1111年　ディジョン　市立図書館　写本170　59頁表（部分）　木を切るシトー会修道士
74◉クレサック=シュル=シャラント教会（シャラント=マリティーム県）　壁画　12世紀　テンプル騎士団員　フランス文化財博物館にある複製

出典(図版)

75◉E·シニョル『ヴェズレーで十字軍に説教する聖ベルナルドゥス』 カンバスに油彩 ヴェルサイユ フランス歴史博物館
76◉ターナー『ファウンテンズ修道院の眺め』 水彩画 1798年ころ ロンドン テート・ギャラリー
77上◉エラール『ヴォー・ド・セルネー教会（イヴリーヌ県）の廃墟の眺め』 水彩画 1852年 パリ 文化遺産図書館 M.H.16551（部分）
77下◉ヴィクトル・ユゴー『ヴィレール修道院の食堂の眺め』 ペンと墨 1862年 パリ ヴィクトル・ユゴー博物館
78/79◉マイケル·アンジェロ・ルーカー『ビルドワス修道院付属教会の眺め』 水彩画 マンチェスター ウィットワース美術館
80/81◉カール・ゲオルク・ハーゼンプフルーク『ハイステルバッハ修道院の眺め』 カンバスに油彩 1840年ころ ジークブルク市立郷土博物館
82左◉ノワルラック修道院（シェール県） 食堂の眺め
82右上◉オルヴァル修道院（ベルギー） 持ち送り
82右中◉フォントネー修道院（コート=ドール県） 幾何学模様のタイル 12世紀
82右下◉アルンスブルク修道院（ドイツ） 幾何学模様のタイル 12世紀
83左◉フォーレ教会（スウェーデン，ゴットランド島） 扉のちょうつがいの一部 版画
83右◉ポンティニー修道院（ヨンヌ県） 修道院付属教会の扉
84上下◉エラール『モービュイッソン修道院（ヴァル=ドワーズ県）の穀倉の断面図』 水彩画 1852年 パリ 文化遺産図書館 M.H.2913
85◉エーベルバッハ修道院（ドイツ） 貯蔵庫
86左上◉オバジーヌ修道院（コレーズ県） 修道士の水路
86右下◉魚を釣る修道士 ハイリゲンクロイツ修道院図書館に保管されている13世紀の詩編集より 写本66 25頁裏
87◉A·ド・ボドー『オバジーヌ修道院（コレーズ県）の図面』 水彩画 1879年 パリ 文化遺産図書館 M.H.8848
88左◉ヴァンサン・ド・ボーヴェ『諸学の鑑』 写本 15世紀 ブリュージュ 国立図書館 写本251 7頁裏（部分） 風車小屋
88/89上◉サントメールからブランデック修道院を流れるアー川を描いた図 水彩画 1460年ころ サントメール 市立図書館 写本1489（部分） ブランデック修道院の水車小屋
89右◉クニャゲの水車小屋（ロット県）
90◉ウルスカン修道院にあった格子 13世紀 ルーアン ル·セック·デ·トゥルネル博物館
91上◉フォントネー（コート=ドール県） 横坑
91下◉フォントネー修道院（コート=ドール県） 製鉄所
92/93上◉サンタ・マリア・ディティリエート修道院（イタリア） 南から見た教会
92下◉サンタ・マリア・ディティリエート修道院（イタリア） 開口部
93右下◉コメル（オワーズ県）の炉 13世紀
95◉ドイツ画派 1450年ころ『マウルブロン修道院の建設』（部分） 木に描かれた絵画 マウルブロン修道院（ドイツ）
96◉『シェーナウ修道院の建設』 ペン画 1600年ころ ニュルンベルク ゲルマン国立博物館 K1532 196頁
97◉『シェーナウ修道院の建設』 ペン画 1600年ころ ニュルンベルク ゲルマン国立博物館 K1532 201頁
98◉『シェーナウ修道院の建設』 ペン画 1600年ころ ニュルンベルク ゲルマン国立博物館 K1532 197頁
99上◉エラール『モービュイッソン修道院の手洗いの断面図』 水彩画 1852年 パリ 文化遺産図書館 M.H.2916（部分）
99下◉アルコバサ修道院（ポルトガル）「水路」の文字
100◉ル・トロネ修道院（ヴァール県） 修道院付属教会の内陣

出典(図版)

【資料篇】

102◉聖大グレゴリウス『ヨブ記注解』 シトー 1111年 ディジョン 市立図書館 写本173 41頁表（部分） 木を切るシトー会修道士

106◉聖大グレゴリウス『ヨブ記注解』 シトー 1111年 ディジョン 市立図書館 写本173 41頁表 木を切るシトー会修道士

107◉ブルゴーニュ派 15世紀『聖ベルナルドゥス』 クレルヴォーの聖ベルナルドゥスの墓にあった像 バール=シュル=オーブ 市立図書館

109◉クレルヴォー修道院の俯瞰透視図 ドン・ミレーの絵をもとにしたルカスの版画 1708年 国立図書館 Hd137（部分）

115◉17世紀ポルトガル画派『修道士ルノーとシトー会修道士たちの前にあらわれた，聖母マリア，聖エリサベト，マグダラの聖マリア』（部分） カンバスに油彩 アルコバサ修道院（ポルトガル）

117◉ハイルスブロン修道院（ドイツ） 要石

118/119◉『ラインの図案集』 ウィーン オーストリア国立図書館 古文書507 11頁裏（部分） 抽象模様の見本

121◉ドゥエ市立図書館 写本392 32頁 リーヴォーのアエルレドゥス

129◉ヨハン・ミヒャエル・シュペート『マウルブロン修道院領の一部の図面』 水彩画 1761年 シュトゥットガルト 国立中央文書館 N1Nr.65

132/133◉畑仕事をするトラピスト会修道士 版画 17世紀 パリ 国立図書館 Va61（部分）

135◉T・ハイアム『フォントヒル修道院の眺め』 版画 1823年

138◉A・ボードゥアン『ラ・トラップ修道院の眺め』 版画 17世紀 パリ 国立図書館 Va61（部分） 読書するトラピスト会修道士

146◉ル・トロネ修道院（ヴァール県） 回廊のアーケード

147◉ル・コルビュジエ ノートルダム=ド=ラ=トゥーレット修道院(ローヌ県)

CRÉDITS PHOTOGRAPHIQUES

Archives nationales, Paris 54h, 68g. Arnaud B. 88. Artephot, Paris 35. Barrière B. 86h, 88. Bibliothèque municipale de Dijon 32, 33, 52, 54-55, 58b, 62, 53, 73, 102, 105, 4e plat. Bibliothèque municipale de Douai 12h, 119. Bibliothèque municipale de Saint-Omer 89h. Bibliothèque nationale de France, Paris 17b, 18, 42-43h, 44-45h, 44-45b, 50-51, 67, 68h, 111, 126-127, 130. British Library, Londres dos. British Museum, Londres 40-41, 71g. Bulloz, Paris 77b. Conway Library, Londres 23b. CNMHS/Aclocque B., Paris 60, 93b. CNMHS/Feuillie J., Paris 49h, 95, 64h, 66, 71d. CNMHS/Hautefeuille J.-J., Paris 1er plat, 13, 16h, 48h, 77h, 84, 87, 99h. CNMHS/Longchamp A.-Delehaye, Paris 42-43b, 51b, 74, 82. CNMHS/Revault E., Paris 17h, 25, 64-65, 72, 100, 134. Dagli Orti, Paris 27. Dombauverwaltung, Cologne 38, 58h. D. R. ouverture, 14, 21, 61, 70, 82h, 82b, 99b, 106, 113, 114, 128, 135. Ellebé 90. Ex plorer, Paris 23. Germanisches Nationalmuseum, Nüremberg 96, 97, 98. Giraudon, Paris 24b, 30, 34, 56-57. Graziani, Brisighella 26. Guillot I. 91h. Haupstaatsarchiv, Stuttgart 123. Kinder T. 83d. Kosch K. 80-81. Lafay P. 91b. Lauros-Giraudon, Paris 31. Magnum/Lessing E., Paris 59. Musée de Palma 26. Musée de Wiesbaden 70g. Musées de la ville de Bruges 46-47. Österreichische Nationalbibliothek, Vienne 70, 116-117. Perceval 20h. Réunion des Musées nationaux, Paris 18-19, 28, 75. Scala, Florence 29, 36-37. Spitta W. 20b. Stones A. 89b. Tate Gallery, Londres 76. UNESCO 15, 16, 19h, 22, 49b, 49d. Whitworth Art Gallery, Manchester 78-79. Zodiaque 85.

参考文献

『ヨーロッパ中世の修道院文化』 杉崎泰一郎著 NHK出版（2006年）
『12世紀の修道院と社会』（改訂版） 杉崎泰一郎著 原書房（2005年）
『死者と生きる中世―ヨーロッパ封建社会における死生観の変遷』 パトリック・ギアリ著 杉崎泰一郎訳 白水社（1999年）
『修道院』 D・ノウルズ著 朝倉文市訳 平凡社（世界大学選書）（1972年）
『西欧中世の社会と教会』 今野國雄著 岩波書店（1973年）
『中世の光と石』 磯崎新／篠山紀信／三宅理一著 六耀社（磯崎新＋篠山紀信建築行脚5）（1980年）
『修道院』 今野國雄著 岩波書店（岩波新書）（1981年）
『シトー修道会初期文書集』 灯台の聖母トラピスト大修道院編訳 中央出版社（1989年）
『シトー会修道院』 ルイス・J・レッカイ著 朝倉文市／函館トラピスチヌ訳 平凡社（1989年）
『中世の修道制』 上智大学中世思想研究所編 創文社（1991年）
『聖ベルナール小伝』 ピエール・リシェ著 稲垣良典／秋山知子訳 創文社（1994年）
『修道院』 朝倉文市著 講談社（講談社現代新書）（1995年）
『中世思想原典集成10 修道院神学』 上智大学中世思想研究所編訳監修 平凡社（1997年）
『聖ベルナルド』 池田敏雄著 サンパウロ（1999年）
『聖ベネディクトの戒律』 聖ベネディクト著 古田暁訳 すえもりブックス（2000年）
『シトー会建築のプロポーション』 西田雅嗣著 中央公論美術出版（2006年）
『修道院文化史事典』 P・ディンツェルバッハー／J・L・ホッグ編 朝倉文市監訳 八坂書房（2008年）
『図説 西欧の修道院建築』 ヴォルフガング・ブラウンフェルス著 渡辺鴻訳 八坂書房（2009年）
『修道院へようこそ』 ジモーネ・コーゾック著 島田道子訳 創元社（2010年）
『修道院の食卓』 ガブリエラ・ヘルペル著 島田道子訳 創元社（2010年）
『修道院の断食』 ベルンハルト・ミュラー著 島田道子訳 創元社（2011年）
『修道院の医術』 ルーツィア・グラーン著 島田道子訳 創元社（2011年）

[著者] レオン・プレスイール

1935年生まれ。パリ第1大学教授をつとめた。専門は中世考古学。おもにフランスで発掘作業にたずさわり，ロマネスク様式やゴシック様式の彫刻作品を中心に復元を進めた。2009年没。

[監修者] 杉崎泰一郎（すぎざきたいいちろう）

1959年生まれ。上智大学文学部史学科卒。中央大学文学部教授。著書に『12世紀の修道院と社会』（原書房），『ヨーロッパ中世の修道院文化』（ＮＨＫ出版），訳書に『死者と生きる中世』（白水社），『千年の幸福』（共訳，新評論）などがある。

[訳者] 遠藤ゆかり（えんどう）

上智大学文学部フランス文学科卒。訳書に本シリーズ84，93，97，100，102，106～109，114～117，121～124，126～131，134，135，137～140，142～154，『フランスの歴史［近現代史］』（明石書店）などがある。

「知の再発見」双書 155

シトー会

2012年8月10日第1版第1刷発行

著者	レオン・プレスイール
監修者	杉崎泰一郎
訳者	遠藤ゆかり
発行者	矢部敬一
発行所	株式会社 創元社 本　社❖大阪市中央区淡路町4-3-6 TEL(06)6231-9010㈹ FAX(06)6233-3111 URL❖http://www.sogensha.co.jp/ 東京支店❖東京都新宿区神楽坂4-3煉瓦塔ビル TEL(03)3269-1051㈹
造本装幀	戸田ツトム
印刷所	図書印刷株式会社

落丁・乱丁はお取替えいたします。

©Printed in Japan　ISBN 978-4-422-21215-9